모든
일에는
때가 있다

For Everything a Season by Joan Chittister
© 1995, 2013 Orbis Books, PO Box 302, Maryknoll, New York 10545-0302

Korean translation © 2017 Catholic Publishing House

모든 일에는 때가 있다

2016년 11월 29일 교회 인가
2017년 2월 22일 초판 1쇄 펴냄
2021년 12월 25일 개정 초판 1쇄 펴냄
2025년 8월 29일 개정 초판 6쇄 펴냄

지은이 · 조앤 치티스터
옮긴이 · 박정애
펴낸이 · 정순택
펴낸곳 · 가톨릭출판사
편집 겸 인쇄인 · 김대영
편집 · 김지영, 김지현, 박다솜
디자인 · 강해인, 이경숙, 정호진
마케팅 · 임찬양, 안효진, 황희진, 노가영

본사 · 서울특별시 중구 중림로 27
등록 · 1958. 1. 16. 제2-314호
전자우편 · edit@catholicbook.kr
전화 · 1544-1886(대표 번호)
지로번호 · 3000997

ISBN 978-89-321-1810-9 03230

값 20,000원

성경 © 한국천주교중앙협의회

이 책의 한국어 출판권은 (재)천주교서울대교구 가톨릭출판사에 있습니다.
저작권법에 의해 보호를 받는 저작물이므로 무단 전재와 무단 복제를 금합니다.

가톨릭의 모든 도서와 성물, 디지털 콘텐츠를 '가톨릭북플러스'에서 만날 수 있습니다.
www.catholicbookplus.kr | (02)6365-1888(구입 문의)

모든 일에는 때가 있다

조앤 치티스터 지음 | 박정애 옮김

가톨릭출판사

머리말

인생의 시기

"역경에 처해 보지 않은 사람보다 불행한 사람은 없다."

모든 순간이 연결되는 드라마

나는 학교에서 글을 배우기 시작할 때부터 성경을 접하며 자랐다. 성경 말씀을 하도 많이 들어서 나중에는 귀에 잘 들어오지 않을 정도였다. "심을 때가 있고 심긴 것을 뽑을 때가 있다, 전쟁의 때가 있고 평화의 때가 있다, 죽일 때가 있고 고칠 때가 있다."(코헬 3,1-8 참조) 그렇다. 물론 그렇다. 그런데 그게 어떻다는 거지?

그러나 세월이 지나면서 이 말씀이 전에 들어 보지 못한 새로운 음색을 띠고 있음을 점차 알게 되었다. 이러한 새로운 깨달음은 갑자기 찾아왔다. 이윽고 복잡하게 보이기만 하던 삶이 아주 분명해졌다. 그리고 나는 삶이 각각 분리된 순간으로 구성된 것이 아니라, 모든 순간이 연결되어 최종적으로 완성되는 한 편의 드라마인 것을 깨달았다. 그렇기에 각각의 경험과 순간이 중요하다는 것이다.

나는 이 책을 통해 우리가 그 모든 경험과 순간을 깊이 파헤쳐 철저하게 자기 것으로 만들기를 바란다. 경험 자체를 알기 위해서가 아니라, 우리 자신을 알기 위해서 말이다.

영원한 만족을 위한 방황

삶은 겉에서는 보이지 않는 조용하고 어두컴컴한 영혼 안에서 움직인다. 삶은 아주 강하고 맹렬하여 결코 우리가 무시할 수 없는 힘에 의해 굴러간다. 삶은 자신을 발견하고, 자신의 모습을 형성하는 시간의 연속이다.

우리가 지금 하는 모든 것은 신기루다. 우리가 실제로 하는 것은 없다. 단지 하는 것처럼 보일 뿐이다. 일, 결혼, 학습, 책임과 같이 현재를 소모하는 순간에는 우리를 끌어당기는 자석이 있다. 우리가 귀를 기울이면 삶의 표면 아래, 깊이를 알 수 없는 심연에서 울리는 소리를 들을 수 있다. 그 소리는 지금보다 더 많은 것을 가질 수 있는 인생이 있다는 말로 우리를 유혹하고, 부추기고, 꿈꾸게 하고, 황홀하게 한다. 그리고 우리가 손을 뻗기만 하면 그것에 닿을 수 있다고 우리에게 반복해서 말한다. 우리는 보이지 않는 결승선, 빛나는 정상, 인생의 찬란한 성배聖盃에 닿기 위해 분투하며 살아간다. 그곳에 도달하기만 하면 현재의 만족뿐만 아니라 영원한 평화를 얻을 수 있을 것이라고 확신한다. 그리고 그것을 누릴 수 있는 방법을 계속해서 찾는다.

우리는 메달과 트로피, 직업과 재산, 인정과 평판, 승진과 지위를 원한다. 그것이 무엇이든 간에 우리는 그것을 간절히 원하고, 당장 이루어지기를 바라며, 전부 갖고자 하고, 영원히 얻고자 한다. 하지만 그것을 얻기 위해 탈진할 때까지 노력하기만 하는 것이 아니라, 그것이 존재함을 알지만 확신하지 못한 채 빈둥거리며 살기도 한다. 우리는 그것을 얼마나 확신할 수 있는지에 따라 자신을 평가하고, 같은 기준으로 다른 사람을 부러워하거나 무시한다. 그리고 밤낮으로 자신을 다른 사람들과 비교하며 스스로를 피폐하게 만든다. 이런 습관은 우리의 부족함을 상기시키거나 혹은 우리를 안심시켜 교만함과 우월감에 빠지게 만들 뿐이다.

인생은 흐르고 붙잡을 수 없다. 인생의 아름다움도 계속 흘러 변하기 마련이다. 그리고 그 결과는 모두 다르다. 썰물과 밀물처럼 여러 움직임과 변화로 이루어진 세상에서 우리에게 결코 영원한 성취란 없다. 우리는 단지 경험할 뿐이다. 동시에 어디에도 얽매이지 않는다. 어떤 것도 영구적이거나 치명적이지 않기 때문이다.

삶은 곤경의 연속이다. 막다른 길에 다다라 다른 길로 방향을 바꾸려고 애를 써야 하는 상황에 자주 빠진다. 하지만 시간이 지나면 그 길이 막다른 길이 아니고, 자신이 가고자 했던 길과 연결된 길임을 알게 된다. 이처럼 인생은 서로 분리된 듯 보이는 삶의 한 시기에서 그다음 시기로 넘어가는 과정이다. 그리고 이 과정에서 '인생은 배우면서 가는 것'이라는 진리를 깨닫기도 한다.

"역경에 처해 보지 않은 사람보다 불행한 사람은 없다. 인생의 가장 큰 고통은 고통을 겪어 보지 않은 것이다."라는 속담이 있다. 이 속담대로라면 고통 없는 삶은 있을 수 없을 뿐만 아니라 우리에게 바람직하지도 않다. 과연 이것이 맞는 말일까? 그 대답은 쉽지 않다.

아이러니하게도 예측 불가능한 인생은 우리를 계속 움직이게 하고, 때로는 더 많이 움직이게 한다. 예상한 것이든 예상하지 못한 것이든, 고통과 실패는 우리에게 새로운 인생으로 들어갈 것을 요구한다. 용감한 도전 뒤에 따라온 것이든, 고집스러운 어리석음으로 인한 것이든, 실패는 새롭게 시작하도록 이끈다. 외적인 상황으로 인한 것이든, 내적인 역량 부족으로 인한 것이든, 손해를 보고 그저 손 놓고 있을 수 없는 것처럼 말이다. 인생은 직선처럼 똑바르지 않다. 우리가 전혀 바라지 않은 곳에서, 난데없는 곳에서 변화가 시작된다. 그리고 반복된다.

과거와 현재를 내려놓음

과거를 내려놓는 것은 어렵다. 성취를 지향하는 사회에는 충분함이란 없고, 정해진 때가 없기 때문이다. 이러한 사회에서 사는 삶은 현재 완성된 것이 아니라 점차 완성되어 가는 결과물이다. 이런 생각을 하는 사람들은 과거를 지나서 현재로 가지 못한다. 이들은 지금 이 순간의 의미를 헤아리기보다 삶을 자로 재어 가며 무언가를 획득하고 부여잡는 것에 열중한다. 그들에게는 내려놓음이 미덕이 아니라 손실이다. 그래서 그들은 계속 붙잡는다. 무엇이 있을지 모르는 빛으로 홀로 나아가는 것보다 영혼의 창문을 틀어 막는 것이 더 편안한데 그러지 않을 이유가 있을까? 그래서 실패를 경험한 이들은 자신의 초라한 도전을 지켜보는 사람들의 시선을 견디는 것보다 구석으로 숨어들어 다시 시도하지 않는 것이 더 편하다고 여긴다. 그리고 자신만의 더 크고 더 넓은 세상을 만들기보다는 주위 사람들의 기대에 맞추는 것이 덜 고통스럽고 덜 괴롭다고 생각한다. 예를 들면 누군가의 완벽한 아내가 되는 것보다 그 사람의 전문가나 동료가 되는 것이 훨씬 더 쉽다. 발명가가 되는 것보다 기업의 직원이 되는 것이 더 쉽다. 야생에서 메뚜기와 꿀을 먹는 삶보다 사회에서 유니폼을 입는 삶이 더 쉽다.

이러한 고통 너머에는 또 다른 문제가 있다. 그것은 우리가 기쁨을 당연하게 여긴다는 사실이다. 우리는 기쁨을 타고난 권리로 알고 당연히 받을 줄로 안다. 그 결과, 그 나름대로의 중대한 철학적·영적 의미가 있는 기쁨과 축복을 무시한다. 그것이 눈에 띄지 않고 발견하기 어렵다는 이유 때문이다. 미국의 목사이자 노예 제도를 반대했던 인권 운동가인 헨리 워

드 비처는 그것을 잘 알고 있었다. "우리의 것이 되려고 하는 기쁨이 있다. 하느님은 새와 같은 형태로 수많은 진리를 우리에게 보내신다. 그 진리들은 우리 마음에 들어오려고 열심히 문을 찾는다. 그러나 우리의 마음은 굳게 닫힌 문처럼 닫혀 있다. 결국 진리는 우리에게 아무것도 가르쳐 주지 못한다. 단지 지붕 위에 앉아 한동안 지저귀다가 날아가 버린다."

기쁨은 때맞춰 오는 하느님의 영이며, 대가없이 영원함을 맛보게 해 준다. 다시 말해 우리는 지난날 기적처럼 느껴졌던 기쁨이 미래에도 일어날 것이라 기대하기에, 힘겨운 날들을 견디며 살아갈 수 있는 것이다.

인생의 기회를 잡는 법

결국 지금 이 순간을 적극적으로 잡아야 한다. 우리가 존재하는 곳을 의식하고, 거기에 몰두하며, 기민하게 행동하는 것이 삶을 알차게 사는 비결이고 배워야 할 교훈이다. 우리 앞에 존재하는 지금 현재를 어떠한 요령 없이 보는 것이야말로 삶의 중요한 방식이다. 그렇게 할 때 우리는 자신의 존재감을 느끼게 된다. 이 문제는 인류 역사 속에서 수많은 사람들이 공통적으로 끊임없이 말했던 이야기이기도 하다.

제자가 스승에게 물었다.
"제가 어디에서 깨달음을 얻을 수 있겠습니까?"
스승이 대답했다.
"여기다."
"그러면 제가 언제 깨달음을 얻을 수 있겠습니까?"
"바로 지금이다."
"그러면 왜 제가 그것을 느끼지 못하는 것입니까?"
"네가 찾지 않기 때문이지."
"그러면 제가 무엇을 찾아야 합니까?"
"아무것도 찾지 말고, 그냥 보기만 하거라."
"무엇을 보아야 합니까?"
"눈에 들어오는 것은 무엇이든 보거라."
"그것을 특별한 방식으로 보아야 합니까?"
"아니다. 평소처럼 보면 된다."
"늘 그렇게 보고 있습니다만……."
"아니, 그렇지 않다."

"왜 그렇습니까?"

"보려면 항상 여기에 있어야 한다. 그러나 너는 다른 곳에 있을 때가 많다."

많은 사람들이 현재에 충실하기보다 다른 것을 찾을 때가 많다. 그들은 시계를 보면서, 미래를 생각하면서 현재를 살아간다. 하지만 나중에 돌아보면 그들은 그 어디에서도 즐기지 못했다는 것을 알게 된다. 그들은 항상 한 발을 내일에 걸쳐 놓고 산다. 내일을 계획하고 준비하다가, 내일을 두려워한다. 그래서 두려움을 피해 잠깐씩 주의를 딴 데로 돌리면서 내일을 기다린다. 거기에는 '충분함'이란 없기 때문이다. 끊임없이 일을 하는 사람들에게 지금 자신이 무엇을 하는지는 중요하지 않다. 그들에겐 지금 오고 있는 미래만이 중요하고, 아직 손에 쥐어지지 않은 것, 보이지 않은 것, 이루어지지 않은 것, 달성되지 않은 것만이 인생의 참된 본질이다.

그러나 삶은 모래시계 속에 있는 모래와 같다. 모래시계가 뒤집어져 움직이기 시작하면 모래는 계속 흐른다.

우리는 삶을 기다릴 때가 많다. 그러나 그 순간들은 탐욕과 불만족으로 가득 찬 마음을 남기고 사라져 버린다. 우리는 정신적인 상실감, 영혼의 메마름, 사라진 열정, 소멸된 희망을 극복해야 살아갈 수 있다. 그러나 그러는 동안에도 현재라는 순간은 우리 안에서 숨 쉬고 있다.

구약 성경의 지혜서 중 하나인 코헬렛은 목적이 없어 방향 감각을 상실하거나 계속되는 절망에 빠진 사람들에게 해결책을 제시한다. 우리는 코헬렛을 통해 인생이 각자가 경험하는 작은 조각들로 이루어진 모자이크임을 알 수 있다. 또한 삶의 순간들을 잃어버리기 전에 이해하고, 놓치기 전에 누리는 법을 배울 수 있다.

분명 삶에서 근본적으로 문제가 되는 것은 유교에서 말하는 '의', 불교에서 말하는 '자각', 유다교에서 말하는 '공의', 그리스도교에서 말하는 '관상적 의식'이다. 곧 이 모두는 영혼의 부족함이다.

이 책의 목적은 성경을 깊이 배우지 않은 사람이라도 코헬렛을 의식적으로 분명하게 헤아려, 그 말씀을 배우고 마음에 새기도록 하는 것이다. 그리하여 말씀에 근거해 자신의 행동을 자문해 봄으로써, 인생에서 같은 순간을 다시 만났을 때

열린 마음을 지니도록 하는 것이다. 우리의 앞에 펼쳐진 인생은 우리에게 이렇게 말한다.

"살면서 이해되지 않는 것을 여기에서 다시 한번 생각해 봐. 다시 한번 인생을 새롭게 봐 봐. 네가 미처 보지 못했던 곳, 예전에는 전혀 느끼지 못했던 곳이지만 지금은 아름답게 빛나고 있을 테니까."

하늘 아래 모든 것에는 시기가 있고 모든 일에는 때가 있다.

태어날 때가 있고 죽을 때가 있으며 심을 때가 있고 심긴 것을 뽑을 때가 있다.

죽일 때가 있고 고칠 때가 있으며 부술 때가 있고 지을 때가 있다.

울 때가 있고 웃을 때가 있으며 슬퍼할 때가 있고 기뻐 뛸 때가 있다.

돌을 던질 때가 있고 돌을 모을 때가 있으며 껴안을 때가 있고 떨어질 때가 있다.

찾을 때가 있고 잃을 때가 있으며 간직할 때가 있고 던져 버릴 때가 있다.

찢을 때가 있고 꿰맬 때가 있으며 침묵할 때가 있고 말할 때가 있다.

사랑할 때가 있고 미워할 때가 있으며 전쟁의 때가 있고 평화의 때가 있다.

코헬렛 3,1-8

차 례

머리말 _ 인생의 시기 · 4
"역경에 처해 보지 않은 사람보다 불행한 사람은 없다."

태어날 때 · 20
"운명은 기회의 문제가 아니라 선택의 문제다."

잃을 때 · 32
"하느님이 아담에게 준 것은
다시 시작할 수 있는 권리였다."

사랑할 때 · 46
"사랑은 생명과 죽음을 잇는 유일한 다리다."

웃을 때 · 62
"유머는 우리에게 주어진 것에 대한 위로다."

전쟁의 때 · 76
"우리는 황무지를 만들고 그것을 평화라고 부른다."

치유될 때 · 92
"슬픔이 있는 곳에 거룩한 땅이 있다."

뿌릴 때 · 104
"지금 승리하더라도 언젠가 반드시 실패하는 길보다,
지금 실패하더라도 언젠가 반드시 승리하는 길을 택하겠다."

죽을 때 · 118
"어떤 이들은 죽음을 너무 두려워하여 삶을 시작하지도 않는다."

죽일 때 · 130
"내가 만난 적은, 바로 나 자신이다."

지을 때 · 142
"우리의 원대한 사명은 먼 곳에 있는 희미한 것을 지켜보는 게 아니라
가까이 있는 분명하게 보이는 일을 하는 것이다."

끌어안을 때 · 154
"부드러운 감정이 있어야 두려움 없이 다른 이를 끌어안을 수 있다."

수확할 때 · 168
"우리는 목적지로 향하는 과정을 의식하며 걸어야 한다."

울 때 · 182
"감정이 없는 강함은 가짜다."

삼갈 때 · 196
"본질적인 자유는 무언가를 할 수 있는 자유보다
무언가를 하지 않을 자유다."

얻을 때 · 208
"우리는 일을 통해 세상과 연결되고,
특별한 방법으로 하느님과 삶을 나눈다."

평화의 때 · 222
"침묵은 평화의 시작이다."

맺음말 _ 하늘 아래 모든 목적의 때 · 234
"의미 없는 순간이란 없다."

태어날 때

"운명은 기회의 문제가 아니라 선택의 문제다."

세상을 살아가는 자신만의 방식

사람에게는 저마다 '태어날 때'가 있다. 코헬렛에는 이 부분이 아주 명확히 드러나 있다. 지금이 우리의 때다. 우리가 태어나는 이 시대는 우리가 책임져야 하는 시대이고, 우리가 축복을 받아야 할 시대다. 우리는 그 영향을 받는다. 다시 말하면 테러와 전쟁, 민족 대학살, 불공정한 국제 무역, 인종 차별과 성차별 등 지금 벌어지는 모든 일이 우리의 문제라는 것이다. 이러한 문제가 해결되기를 바란다면, 각자 자신의 영역에서 그 문제를 해결하기 위해 노력해야 한다.

미국의 정치가 윌리엄 제닝스 브라이언은 "운명은 기회의 문제가 아니라 선택의 문제다. 다시 말해 기다리는 것이 아니라 성취하는 것이다."라고 말했다. 그의 말대로라면, 운명은 우리가 생각하지도 못하고 알지도 못하는 사이에 정해지는 것이 아니라 의식적으로 붙잡는 것이다. 나아가 운명은 우리의 사명을 발견하는 것과 관계가 있다. 곧 세상을 살아가는 자신만의 방식을 형성하는 것과 관계가 있다. 우리는 방파제에 붙어, 밀려오는 바닷물의 플랑크톤을 받아먹는 갑각류와 같은 존재가 아니다. 우리는 더 큰 목적을 품고, 무언가를 기대하며, 다른 생명들과 연결되어 있다는 의식을 가지고 산다. 그렇기에 운명의 적은 이기심이다.

무너진 사회, 분열된 공동체

사유주의私有主義, 경건주의, 심리학은 개인주의의 죄를 정당화한다. 물론 부정적인 측면만 있는 것은 아니다. 우리 사회는 개인주의로 인해 이전 시대에서는 볼 수 없었던 것을 보는 시야가 생겼고, 개인적인 차이를 이해하고 고려하게 되었다. 동시에 개인의 권리를 보호하며 개인의 지지를 받았다. 개인의 선택과 관심이 중요한 시대가 된 것이다. 그 결과 사회는 더 이상 나눠질 수 없을 정도로 개인화되었다. 결국 우리의 공동체 의식이 무너졌다.

이제 사람들은 소외감을 느낀다. 마치 기계처럼 무심하게 서로를 지나친다. 아무도 다른 사람을 건드리지 않는다. 여러 해 동안 함께 일을 하는 사람들의 이름도 모르고, 한 건물에 살아도 서로 만나는 일이 없어 얼굴도 모른다. 서로 간의 관계를 되찾기 위해 모임을 만들지만 그 안에서도 혼자가 된다.

학식 있는 사람이 지금보다 많았던 때가 없었지만 반대로 지금보다 삶의 방향을 잃은 사람이 많았던 때도 없었다. 세계 역사상 최고의 교육을 받고 많은 지식이 있는 사람들이 자신의 지식으로 무엇을 해야 할지 모른다.

모든 것이 너무 크고, 광범위하기에 우리는 자신의 일만 신경 쓰고 나머지는 무시한다. 거리의 부랑자나 아픈 노인은 국가나 다른 누군가가 책임져야 할 사람들이라고 생각하며 눈길도 주지 않는다. 우리는 정부의 복지 제도에 양심을 넘기고 고개를 돌린다.

이 시대에는 개인의 책임이 아니라 개인의 발전이 중요하기에 어떤 것도 개인의 편안함을 방해해서는 안 된다. 그리고 어떤 것도 그보다 우선시될 수 없다. 이것이 바로 우리 사회를 병들게 하는 악성 질환이다. 이러한 철학이 학교와 직장을 침범하고 사회 제도의 기반을 침식시켰다. 이제 누구에게도 개인의 관심사 이외의 것에 관심을 갖기를 기대할 수 없다.

자신에게서 벗어나는 것의 의미

이렇게 병적인 개인주의로 향하는 추세를 바꿀 수 있는 것은 무엇일까? 극단적인 개인주의와 공동체의 무관심 사이를 메워 우리에게 공동체 의식을 일깨우고, 공동체 정신을 살리도록 해 줄 수 있는 것은 무엇일까?

코헬렛에서는 그것이 이 시대가 자신이 태어난 때임을 인식하고, 운명은 자기 자신이 결정하는 것이라고 말하는 주인 의식이라고 한다. 헝가리의 파벨, 남아프리카 공화국의 만델라, 아일랜드의 메리 로빈슨이 그랬다. 이들은 모두 불가능한 일에 맞서 일어난 이들이었다.

"이제는 나의 시대다. 이 작은 도시에서 바로 지금 펼쳐지는 나의 시대다. 그러니 여기에서 일어나는 일은 나의 책임이다. 그리고 내일 일어날 일은 나의 유산이다. 이는 큰일을 하느냐 하는 문제가 아니라, 작은 일을 용기 있게 하느냐 하는 문제다."

정부와 밀접한 집단에서 정부의 정책에 반대하려면 큰 용기가 필요하다. 여성들이 비웃음의 대상이 되고 있을 때 자신이 남녀평등주의자라고 밝히는 데에는 큰 용기가 필요하다. 게다가 이러한 행동은 불행을 막을 수 있을 정도로 대단한 일이 아니다. 그러나 거창하지 않다고 해서 이를 단순하고 가볍게 여겨서는 안 된다.

우리는 우리 주위의 세상을 바꾸려 하기 전에 먼저 우리 자신을 직시해야 한다. 그리고 이 세상에 태어나 다른 사람들을 위한 일을 하기 전에, 우리 안에서 바른 품성이 먼저 생겨나야 한다.

유학자인 전독홍錢德洪에게 한 제자가 물었다.
"왜 제가 다른 사람들에게 영향을 끼칠 수 없습니까?"
그러자 그는 이렇게 대답했다.
"자네가 다른 사람들에게 영향을 끼치려는 의도부터가 잘못되었다네. 현인들이 스스로 올바르게 행동하면, 다른 사람들도 즉각적으로 자신의 행동을 올바르게 고쳤네. 태양을 가렸던 구름이 걷히면 그 빛이 사물들을 비치게 되지. 사물들은 빛을 받기 위해서 특별히 찾아 나설 필요가 없다네."

문제는 우리 안에 있는 무언가가 빛이 비치는 것을 달가워하지 않는다는 사실이다. 우리 안에는 자신이라는 틀에서 벗어나는 걸 방해하는 요소가 세 가지 있다.

첫째는 냉소적인 태도다. 이는 지위 상실에 대한 두려움에서 비롯된다. 벌거벗은 임금에게 옷을 입지 않고 있다고 지적하면 임금의 비위를 맞출 수 없다. 이사회 의장이나 상사의 견해에 반대하면 승진의 기회를 얻지 못한다. 부도덕한 일을 하면 이웃집에 초대받을 수 없다. 오늘날은 공적인 양심과 사회적인 수용 가능성 사이에서 운명을 선택해야 하는 어려운 시대다. 우리도 알고 있듯이 사람들의 심기를 불편하게 만드는 방법으로는 아무것도 얻을 수 없다.

둘째는 개인적 편안함이다. 이것은 대의에 따르는 책임을 우리가 모두 나눠 지기 위해 고려해야 하는 중요한 사항이다. 내가 일하는 곳과 사는 곳, 나의 자녀들이 사는 곳의 범위를 넘어 다른 곳을 보기 위해서는 많은 노력을 기울여야 한다.

나의 작고 작은 세계 너머의 것에 대한 강연이나 토론에 참여하는 등 관심을 가지는 것이 그 노력의 일환이다. 이러한 노력을 하기 위해서는 늘 익숙한 일상적인 일 너머의 것에 관심을 둬야 한다. 물론 편안함을 내려놓는다고 해서 자신의 모든 것을 놔 버리라는 의미는 아니다.

셋째는 비판에 대한 두려움이다. 세상의 주류와 다른 의견을 내세우기 위해서는 위대한 사상가나 훌륭한 연설가의 기질이 있어야 한다. 가족이나 동료가 모인 자리에서 다수의 생각과는 다른 의견을 이야기하려면 용기와 사랑 그리고 능숙한 소통의 기술이 필요하다. 우리 중에 누가 그러한 능력을 가지고 있다고 자신 있게 말할 수 있을까?

질문할 용기

이러한 세 가지 요소 때문에 우리는 자신이라는 틀을 벗어 던지지 못한다. 자신보다 더 분명하고 설득력 있게 말하는 사람들, 더 나은 학력과 배경을 갖고 있는 사람들, 다가가기 힘든 권위와 직위를 지닌 사람들과 맞서기 위해서는 용기가 필요하다. 물론 질 수도 있고, 바보 취급당할 수도 있다. 그러나 모든 사람이 이러한 일에 도전해야 한다. 두려움으로 인한 방어적인 태도와 개인적인 편안함만 추구하는 모습으로 가득 찬 세상에 문제를 제기하는 것보다 더 가치 있는 일이 있을까? 나는 맑은 영혼을 위해서는 의구심이 드는 일에 대해 질문할 용기가 필요하다고 확신한다. 실제로 그 증거도 보았다.

어머니날(어머니의 사랑을 기리고 그 은혜에 감사하기 위해 제정한 날. 1913년에 미국 필라델피아 교회에서 5월 둘째 주 일요일로 정한 뒤, 전 세계로 퍼짐.) 한 작은 마을 성당에서 있었던 일이다. 그날을 위해 아이들은 깨끗한 옷을 입었고, 몇 달 동안 성당에 나오지 않던 남자들도 미사에 참석했다. 수녀님들은 특송을 불렀고, 신부님은 특별 강론을 준비했다. 그런데 신부님의 강론 차례가 되자, 한 여성이 손을 들었다. 신부님이 의아한 표정으로 보자, 그녀가 일어나서 말했다.

"오늘은 어머니 날입니다. 평신도 주일에는 평신도 대표가 강론을 하듯이 오늘은 어머니를 대표하는 여성이 강론해야 하는 것 아닌가요?"

그녀의 말을 들은 신자들은 아연실색하며 불편한 기색

을 보였다. 그녀가 신부님의 대답을 기다리듯이 서 있자, 이내 몇몇 신자들이 그녀를 밖으로 데리고 나갔다. 어떤 이들은 충격을 받았고, 또 몇몇은 불안해하며 며칠 동안 그 이야기를 했다. 아무도 그 사건을, 그녀의 질문을 잊을 수 없었다. 2천 년이나 조용히 있던 사람들이 한 여성의 물음에 깜짝 놀랐다.

나는 아무도 그 메시지를 잊지 않을 것이라고 생각한다. 이 사건이 언젠가 다가올 미래에 대한 출발점이 될지는 아무도 모른다. 그렇기에 한 사람의 작은 용기에서 나온 행동이라고 해도 이를 가볍게 여겨서는 안 된다.

자유를 위한 수용과 거부

분명 각자 태어날 때가 있다. 이것은 영적 사명이다. 자신이 밖으로 나옴으로써 다른 사람도 영적인 생명을 얻도록 하는 것이다. 우리 시대의 짐을 자신의 것으로 여기며, 속임수가 없고 정직한 세상을 만드는 것은 사회적으로 어려울 수 있다. 하지만 그에는 커다란 영적 보상이 따른다. 그 보답으로 우리는 영적으로 어른이 된다.

사람들은 어머니날에 성당에서 여성의 지위를 말하는 여성을 막았다. 그러나 나는 하느님의 자비에 대해 말씀하시며 세상을 바꾸기 위해 노력하셨던 예수님의 모습이 떠올랐다. 사람들은 그녀가 아이들에게 좋지 않은 영향을 줄 수 있다고 말했다. 그러나 나는 어쩌면 그녀의 행동이 신념을 위해 조롱까지 각오하는 좋은 모범일지 모른다는 생각이 들었다. 분명한 것은, 성당에서 용기 있게 말했던 여성은 자신이 태어난 시대를 인식하고, 책임감 있게 행동할 때 생기는 영적 선물을 가지고 있었다는 점이다. 그녀에게는 자유가 있었고 자존감이 있었다. 그녀는 시대의 변화에 대처할 수 있었다.

우리가 이 시대를 자신이 태어난 특별한 때로 인식하고 받아들이면, 성당에서 용기 있게 말한 여성처럼 관습의 사슬에 저항하는 데 필요한 내면의 자유와 자존감을 얻을 수 있다.

내면의 자유와 자존감이 있는 사람은 세상의 시선과 기준에 휘둘리지 않는다. 세상이 말하고 가르치는 대로가 아닌, 자신이 생각하는 진리에 따라 자신의 인생을 살 수 있는 것이다. 그 누구도 이러한 사람을 노예로 만들 수 없으며, 그 사람에게서 아무것도 빼앗을 수 없다. 미국의 시인 헨리 롱펠로는 불멸의 가치에 대해 이렇게 말했다. "자기 자신을 존중하는 사람들은 다른 사람들로부터 안전하다. 그들은 아무도 뚫을 수 없는 갑옷을 입고 있다."

이 시간, 이 시대, 이 장소에서 우리가 해야 할 일을 했을 때, 무엇을 잃든 부끄럼 없이 부서지지 않은 마음으로 살 수 있다. 경쟁에서 졌을 때에도 그로 인해 낙담하지 않으며, 하기도 전에 결코 좌절하지 않을 것이다. 그러니 자신에게 이렇게 말하자.

"지금이 내가 태어나야 할 유일한 때다."

잃을 때

"하느님이 아담에게 준 것은
다시 시작할 수 있는 권리였다."

잃음에 대한 잘못된 생각

화가 존 어거스트 스완슨은 코헬렛의 내용을 그리면서 '잃을 때'를 에덴동산에서 추방되는 아담과 하와의 모습으로 표현했다. 과연 그것이 잃을 때일까? 내가 초등학교 2학년 때 담임 선생님은 그렇게 생각하지 않았다. 선생님은 아담과 하와가 에덴동산에서 쫓겨나는 것은 잃는 차원의 문제가 아니라 인간이 불명예스럽고 수치스러운 지경에까지 격하되었음을 나타내며, 그들의 어리석은 행동 때문에 인간에게는 더 이상 옳은 것이 없다고 했다. 그리고 우리가 가진 모든 것을 단번에 탕진했다고 말했다.

순수주의자인 로라 수녀님도 그 그림을 '잃을 때'라고 말하지 않았다. 그렇게 부르면 그것이 마치 인생의 작은 과정으로 생각될 수 있기 때문이다. 로라 수녀님은 그 그림을 '벌받을 때'나 '후회할 때'로 여겼을 것이다. 적어도 누군가의 잘못으로 인해 엉망인 상황에서 무슨 조치가 취해져야 한다는 것을 나타내는 표현을 썼을 것이다.

나는 여러 해 동안 그 그림에 관해 생각했다. 시간이 흐른 뒤에 로라 수녀님이 무언가 잘못 이해했을 수도 있다는 생각이 들었다. 그리고 그로 인해 나도 상황을 제대로 파악하지 못한 것은 아닌가 하는 생각이 들기 시작했다. 그런 방식의 신학 때문에 또 그렇게 생각하며 자란 까닭에, 나는 모든 실패를 나쁘게 보았다. 발을 헛디뎌 넘어지다가 가보를 깬 아이처럼 나는 희망 대신에 죄로 가득 차 있는 것처럼 느껴졌다. 그리고 부활 성야 때 부르는 〈부활 찬송〉에서 아담과 하와를 찬미하는 교회를 완전히 잘못 이해했다. 이제야 나는 분명하게 깨달았다. 사실 아담과 하와의 죄는 우리에게 구세주가 필요함을 느끼게 해 준 것이다. "참으로 필요했네, 아담이 지은 죄, 그리스도의 죽음이 씻은 죄. 오, 복된 탓이여! 너로써 위대한 구세주를 얻게 되었도다."

로마의 수사학자인 세네카는 이렇게 말했다. "악에는 늘 결과가 따른다. 돈이 없을수록 곤란한 문제도 덜 생긴다. 관심이 적을수록 부러움도 적다." 다시 말해서 어떠한 것도 완전히 나쁜 것은 없다는 뜻이다.

중국에 한 농부가 있었다. 그에게는 쟁기질을 시킬 말이 한 필뿐이었다. 어느 날 그 말이 울타리에서 빠져나와 산속으로 달아났다. 이웃 사람들은 연달아 그를 찾아가 그의 불운을 위로했다. 그러자 농부가 대답했다.

"나쁜 일인지 좋은 일인지 누가 알겠나?"

아니나 다를까 몇 주 후에 그 말이 많은 야생마를 데리고 산에서 내려와 울타리 안으로 돌아왔다. 위로하던 이웃 사람들은 자기 일처럼 기뻐해 주었다. 그들의 격앙된 축하에도 농부는 조용히 대답했다.

"좋은 일인지 나쁜 일인지 누가 알겠나?"

시간이 지난 뒤, 추수할 때가 다 되어서 농부의 외아들이 말을 훈련시키려다가 날뛰는 말에서 떨어져 다리가 완전히 부러졌다. 이웃 사람들은 일손이 없어 추수가 힘들어진 농부를 찾아가 위로했다. 농부는 추수해야 할 농작물이 망가지는 것을 보았지만, 어깨를 으쓱하며 말했다.

"나쁜 일인지 좋은 일인지 누가 알겠나?"

그러다 한 달 뒤에 큰 전쟁이 났다. 그래서 왕은 장군들을 시켜 나라의 모든 젊은이들을 징집했다. 농부가 있는 마을도 예외는 아니었다. 그러나 부상자는 징집하지 않았기 때문에 농부의 아들은 전쟁터에 나가지 않을 수 있었다. 이웃 사람들은 자식들이 전쟁터에 끌려간 것에 슬퍼하면서, 아들을 잃지 않은 농부를 부러워했다. 그러나 농부는 한숨을 쉬며 말했다.

"좋은 일인지 나쁜 일인지 누가 알겠나?"

이 이야기는 잃는다는 것이 항상 나쁜 것이 아니며, 때로는 그것이 모습을 감춘 행운일 수 있음을 말해 준다. 전쟁에서 결코 져 본 적이 없던 미국이 베트남의 게릴라 군대에 무너지고 나서야 전쟁을 불확실한 외교 정책으로 생각하게 되었다. 또한 젊은 인도인 변호사였던 마하트마 간디가 유색 인종이라는 이유로 기차에서 쫓겨나지 않았다면, 그의 비폭력 저항 운동은 없었을 것이고, 그 운동이 없었다면 인도는 영국으로부터 독립을 쟁취할 수 없었을지 모른다. 나아가 미국도 비폭력 운동의 영향을 받을 수 없었을 것이다. 헬렌 켈러가 청각 장애인이 아니었다면 모든 청각 장애인들이 아직도 침묵속에서 고통받고 있었을지도 모른다.

우리의 단순한 삶에는 너무도 많은 상실이 실타래처럼 얽혀 있다. 가족의 죽음은 남은 가족 모두에게 완전히 새로운 삶의 시작이 된다. 직장을 잃는 것은 새로운 일의 시작이 된다. 돈을 다 잃는 것은 우리의 마음을 비우고, 우리의 영혼을 굳어지게 했던 생활 방식으로부터 탈출할 수 있는 기회를 준다. 상실은 분명 또 다른 선택으로의 초대다.

삶은 실패한 사람들을 향해 멈추지 말라고 외친다. 그들에게는 늘 새로운 가능성이 열려 있다.

실패에 대한 우리의 태도를 보면 우리가 가진 문화의 속성이 적나라하게 드러난다. 우리는 아이들에게 실패하라고 가르치지 않는다. 또한 인생에서 실패가 어떤 의미인지 가르치지 않는다. 다만 어떻게 하면 실패하는지만 가르친다.

우리는 무언가를 잃는 것이 단지 다른 목적지로 향하는 또 다른 길이라고 배우지 않고 실패라고 배운다. 우리가 어릴 때부터 배우는 모든 것은 시험이 되고, 그 결과에 따라 성공할 수 있는 능력과 경쟁할 수 있는 능력의 정도가 결정된다. 그러나 그렇게 배우는 것은 인생을 살아가기 위한 능력과는 별로 관계가 없다.

예를 들어 우리는 아이들에게 시합은 시합일 뿐이라고 가르치지 않고, 시합은 인생이라고 가르치며 시합이 성격을 형성하고 자신감을 키워 준다고 말한다. 만약 그들이 선수였다면, 우리는 그들에게 돈을 주어 가며 우리를 위해 시합을 하게 만들고 그들이 높은 성적을 내기를 원했을 것이다. 우리는 아이들이 경기를 마치고 난 뒤에 그들을 줄 세워 악수를 하고 간식을 나누어 주면서 그들의 귀에다 대고 속삭인다. "1등이 아니면 아무도 기억하지 못한단다."

우리는 이렇게 행동하면서도, 경제 침체 후에 왜 자살과 이혼과 가정 폭력이 그토록 많아졌는지 의아해한다. 또한 생활 보호 대상 가정에 사회적 지원이 줄어든 것에 대해 한탄한다.

모든 것이 시합이고, 우리에게 시합은 그저 이겨야 하는 것이다. 우리는 실패의 미덕을 잊어버렸을 뿐만 아니라 실패의 창조력을 파괴했다. 실패를 통해 배우는 것과 같은 자연적인 순환을 창피와 죄책감과 분노로 바꾸어 놓았다.

그러나 그것이 에덴동산 이야기의 전부는 아니다. 미국의 작가 엘리 위젤은 이렇게 말했다. "죄의 용서가 아닌 것이 무엇이었나. 하느님이 아담에게 준 것은 다시 시작할 수 있는 권리였다." 충만하고 생기 넘치는 삶을 살기를 원한다면, 우리는 에덴동산의 교훈을 기억해야 한다. 잘못을 저지르는 것은 배움의 좋은 기술이다.

실패, 새로운 시작과 자유의 상징

실패는 자유를 준다. 실패는 인생을 다시 시작하고, 세월의 잔재를 비워 낼 수 있는 기회를 준다. 많은 사람들이 너무나 쉽게 놓치고 있는 것을 깨닫게 해 주는 것이다. 우리는 과거의 실패를 통해 교훈을 얻고, 그것을 미래에 적용할 수 있다. 이러한 회복의 힘은 청하기만 하면 얻을 수 있는 은총이다.

겪을 수밖에 없는 실패가 인생의 묘약이라면, 우리가 넘어야 할 장애물이 두 개 있다. 실패의 속박에서 벗어나기 위해 넘어야 하는 첫 번째 장애물은 성공에 대한 갈망이고, 두 번째 장애물은 잃어버린 자존감이다. 여기서 스스로에게 한 가지 질문을 던져 보자. "우리 인류의 전형인 아담과 하와가 성공했는가, 실패했는가?"

이에 대한 대답은 우리가 그들을 인간으로 생각하느냐, 신으로 생각하느냐에 따라 다를 것이다. 우리가 그들을 신과 유사한 존재로 본다면, 그들은 진리를 알면서도 진리를 무시하고, 높은 곳에 올랐으면서도 그 사실을 당연하게 여겨 엄청난 실패를 한 것이다. 아담과 하와는 충동적인 사기꾼이자, 인류에게 가장 황당한 존재다.

그러나 사실 아담과 하와는 인간이며, 천사와 같은 존재도 아니다. 그러므로 선악과를 먹은 것은 가장 인간적인 일이었다. 선악과나무 앞에서 정신을 차리려고 애쓰기는 하나 결국 실패를 통해서만 자신의 행동을 깨닫는 것이 인간의 본질이라면, 그것이 에덴동산의 이야기가 전하는 진정한 메시지라면 어떨까? 그렇다면 인류가 에덴동산에서 배워야 할 교훈은, 아담과 하와가 신처럼 완벽하게 행동하지 못했기에 하느님의 벌을 받았다는 게 아니라 그들은 인간이고 인간의 주변에는 많은 위험이 도사리고 있어 삶이 쉽지 않다는 것이다. 그리고 무엇보다 그들이 줄줄이 다가오는 위험에서 살아남는 법을 배울 필요가 있다는 것을 하느님도 알고 계시다는 사실이다.

코헬렛은 성공이 행운을 지속시키는 능력이 아님을 암시한다. 성공은 실패에서 살아남는 능력이다. 성공을 재정의한다면 '실패가 삶에 가져다주는 황금빛 날개'라고 표현할 수 있을 것이다.

실패의 가치를 이해하는 데 방해가 되는 두 번째 장애물은 가장 극복하기 어려운 문제일지도 모른다. 실패 뒤에 오는 자존감의 상실은 뭐라 말할 수 없는 패배감을 불러일으킨다. 내가 만약 메달을 얻지 못한다면 나는 진정 운동선수로서의 자격이 있을까? 내가 만약 승진을 못한다면 사람들에게 내세울 것이 남아 있을까? 내가 만약 성공하지 못한다면, 재물을 많이 모으지 못한다면, 높은 직위를 가지지 못한다면, 다수의 무리에 속하지 못한다면, 그래도 나는 중요한 사람일까? 이혼한 사람이 다른 사람 앞에 설 수 있을까? 고등학교 중퇴자가 사회에서 자신의 자리 찾을 수 있을까? 사람들은 실패한 후에 새롭게 거듭날 수 있을까? 물론 이에 대한 대답은 코헬렛에 나와 있다. 우리는 아담과 하와가 그랬듯이 거듭나야 한다. 과거에 실패를 했던 아담과 하와는 지금 더 현명해졌고, 새로운 삶이 주는 희망에 마음의 문을 열어 놓았다.

실패의 영적 효과는 아주 크다. 우리는 이길 수 없는 시합에서, 올라갈 수 없는 정상에서, 도달할 수 없는 목적지에서, 그것 없이는 살 수 없었던 목표의 상실에서 우리 자신을 알게 된다. 아담과 하와처럼 영혼의 미숙함으로 인해 인생의 동산에서 쫓겨난 우리는, 진정 우리가 누구이며 무엇으로 만들어졌는지 깨닫게 된다. 그리고 자신이 이길 수 있는 능력뿐만 아니라 고통을 견딜 수 있는 능력도 가지고 있음을 발견하고 놀란다. 또한 다시는 실패하지 않을 수 있다는 것을 깨닫는다. 우리는 원했던 것보다 혹은 한때 가지고 있던 것보다 더 적은 것을 가지고도 목표를 이룰 수 있다. 뭐가 없어지거나, 누가 떠나거나, 환경이 변했다고 해서 삶이 끝났다고 생각하지 않는다.

바라는 것을 할 수 없어도, 그 길만이 자신에게 주어진 유일한 길이 아님을 깨닫는 것이 자기 자신을 이해하는 것이다. 배우가 되지 못하더라도 연출가가 되어 무대를 만들 수 있다. 조직의 간부가 될 수 없고 원하는 직위를 얻을 수 없어도 조직의 중심에 있을 수 있다. 훌륭한 화가가 아니더라도 허름하고 누추한 방을 아름답게 꾸밀 수 있다.

따라서 우리는 항상 이기는 것에 의해서가 아니라 지는 것에 의해서도 성장한다. 유학자 구양덕歐陽德은 이렇게 말했다. "마시는 물과 흐르는 물은 그 성질이 서로 다르지 않다. 우리가 보고 듣고 생각하고 행하는 모든 것은 하늘에 기인한다. 다만 우리가 해야 할 일은 무엇이 진실이고, 무엇이 거짓인지 분간하는 것이다."

무언가를 성취하기 위해 노력한 만큼 자신의 것이 된다. 무언가를 잃으면 끝이라는 말은 잘못되었다. 곧 무언가를 잃는 것은 흥미진진한 새로운 세계, 완전히 새로운 세계, 전혀 다른 세계, 더 만족스러운 삶의 시작이 된다. 마시는 물과 흐르는 물은 그 성질이 서로 다르지 않다는 것은 진실이다. 곧 우리가 무슨 일을 하든, 인생의 변화가 올 때는 인생의 다음 단계로 들어가는 때다.

일과 직위와 직함이 우리를 만드는 것이 아니라 우리가 그러한 것들을 만든다. 어떤 직위에 있는 사람이 그 자리를 떠났다고 해서 전보다 모자란 사람이 되지 않는다. 그 자리에 있다고 해서 더 높아지는 것도 아니다. 우리에게 없던 품성이

다이아몬드를 발견했다고 해서 생기지 않는다. 다이아몬드를 가진 바보는 여전히 다이아몬드를 가진 바보일 뿐이다.

미국의 시인 엘리자베스 비숍은 이렇게 말했다. "실패하는 법을 익히는 것은 어렵지 않다. 우리를 잡고 있는 아주 많은 것을 내려놓기만 하면 된다. 그러한 실패는 재앙이 아니다." 실패는 또 다른 인생의 입구다. 실패에 준비되어 있지 않으면, 그 실패가 무엇이든 영혼의 감각과 정신을 억압한다. 삶에 관한 이러한 정의를 가르치기는 어렵다. 지금은 그저 그것을 잃을 때다.

사랑할 때

"사랑은 생명과 죽음을 잇는 유일한 다리다."

파괴된 사랑

미국의 소설가 손턴 나이번 와일더는 이 주제에 관해 이미 많은 것을 말했다. "생명의 땅이 있고 죽음의 땅이 있다. 그리고 사랑은 그 두 곳을 잇는 유일한 다리다." 많은 사람들이 쉽게 말하듯이 와일더는 사랑을 열광적으로 이야기하지 않는다. 모든 산업이 사랑에 관한 환상 위에 세워졌듯이, 우리도 사랑에 대해 환상을 갖기 매우 쉽다. 또한 결혼 생활을 사랑이라고 부르듯이, 사랑은 쉽게 왜곡된다.

세계 어디서나, 어느 영역에서나 실제로 사랑이 아니면서도 사랑이라고 부르는 경우가 너무도 많다. 섹스나 동거, 결혼 생활 모두 영원한 행복처럼 보이기 위해 사랑을 사고파는 가식이 될 수 있다. 아무리 영원할 것처럼 사랑을 약속하더라도, 어떤 식으로든 비하하고 파괴하는 것은 사랑이 아니다.

악의와 폭력이 난무하는 세상일지라도 사랑은 마음의 안식처였다. 그러나 이제는 진귀하다고 말할 정도로 사랑은 찾기 어려운 것이 되었다. 우리는 아이들을 학대하면서 그것을 사랑이라고 부르는 사회에서 살고 있다. 그러한 학대는 자녀를 결코 건강한 어른으로 키우지 못한다.

또한 배우자 성폭행을 별일 아닌 것으로 여기면서 심지어 그것을 사랑이라고 부르는 사회에서 살고 있다. 그러나 이러한 비정함으로는 결코 소중한 가정을 이룰 수 없다. 게다가 진실이라는 이유로 상대방이 위축될 때까지 굴욕감을 주면서 그것을 사랑이라고 부르는 사회에 살고 있다. 그러나 타인을 비하하는 일은 결코 사랑으로 발전할 수 없다. 우리는 사랑을 다시 살펴볼 필요가 있다.

사랑이란 가면을 쓴 차별

이 시대에는 사랑이 아니라 섹스가 문화를 주도한다. 남녀평등주의자들은 여성이 남성을 만족시키고 그들에게 서비스하기 위한 물건처럼 취급되는 경우가 많다고 주장한다. 많은 이들이 이를 부인할 수는 없기 때문에 페미니즘feminism 자체를 낯 두껍고, 제정신이 아니며, 비정상적인 것으로 여기며 비웃는다.

아직도 많은 분야에서 여성에게 남성보다 더 적은 임금을 지급하면서도 여성을 존중한다고 말한다. 여성에게 그럴듯한 사회적 직위를 주지만 겉으로 보이기 위한 도구로 쓰거나 사무원처럼 부리면서 여성을 공경한다고 말한다. 여성들의 아이디어를 채택하지만 승진 대상에서는 여성을 제외하면서 여성의 역할이 가치 있다고 말한다. 하느님이 여성을 남성과 동등하게 만들었다고 말하지만, 교회의 중심에 여성이 있는 것을 원치 않으며, 도덕적 리더십을 위해 그들의 자리를 고려하고 있다고 말하지만 어떠한 자리도 맡기지 않는다.

우리는 생물학과 성 역할을 혼동하여 생물학적 특징에 근거해 성 역할을 규정하면서 여성을 전인적 존재로 본다고 말한다. 또 어머니의 역할은 영원하다고 생각하면서 아버지의 역할은 일정한 기간이 있다고 생각한다. 그러면서 아버지에 대한 기대와 어머니에 대한 요구 사이에는 차이가 없다고 말한다. 조직의 핵심 위원회에 여성 한 명만 포함시키고 나머지 여성들은 참여할 수 없게 하면서 남녀평등이라고 말한다.

그러나 그것은 사랑이 아니라 성차별이다. 여성을 위한 것이 아니다. 결혼 생활은 이런 식으로 인간을 악용하는 바탕 위에서 성립될 수 없다. 남성과 여성 간의 신성한 관계는 이러한 기초 위에서 이루어질 수 없다. 이것은 인류의 절반을 폄하하는 것이다.

성차별은 여성의 발전을 막은 것만큼 남성의 발전도 방해했다. 남성도 성차별 때문에 많은 희생을 당했다. 다른 사람을 잔인하게 대하지 못하면 약하다는 이유로 외면당했고, 돈을 인생의 유일한 목표로 삼지 않으면 패배자라는 꼬리표가 붙었다. 또한 아이처럼 감정을 보이면 "애처럼 굴지 마라."라는 말을 들었다. 그래서 성인이 되면 감정이 메마르는 경우가 많다.

대부분의 남성은 누군가를 책임져야 한다는 말을 듣는다. 그리고 그것을 할 수 없다고 말하거나, 책임질 능력이 없다면 비웃음과 무시의 대상이 된다는 것을 알게 된다. 이러한 절망스러운 상황에서 남성은 자신의 남자다움을 증명하기 위해 누군가를 괴롭히고, 억압한다. 한편으로 과로와 지나친 걱정과 욕심으로 인해 쉽게 병든다.

　우리의 사회는 여성을 조연으로 만들고 남성을 주인공으로 만든다. 그러나 이러한 사회에서는 그 누구도 자신의 장점을 보여 줄 수 없다. 모두가 반쪽짜리 인간이 되는 것이다. 몇몇 사람은 성차별주의의 현혹에 넘어가 제약을 받아들이기도 한다. 그러나 그것은 모든 사람을 폄하하는 것이다. 결혼과 남자다움의 과시, 열정과 외설, 협력과 지배는 동의어가 아니다. 그러나 우리는 사랑이라는 말로 성性을 사고팔며, 성차별을 멈추지 않는다.

진실한 관계 위에 세워진 사랑

　진정한 사랑은, 도달할 수 없을 정도로 낭만적인 경지가 아니라 아름답고 진실한 경지로 우리를 고양시킨다. 그러나 우리가 역량을 충분히 발휘하도록 해 주지 못하는 사랑은 도움이 되지 않으며 오히려 진실을 감춘다. 이는 개인의 교양이나 숱한 상담으로도 구제할 수 없다. 자신을 보조하고 오직 자신을 위해 살 여자를 찾아 결혼하는 남자는, 그 여자를 진정으로 사랑하는 것이 아니라 자기 자신을 사랑하는 것이다. 그들은 자신이 생각하는 모습의 아내를 얻기 위해 선물과 꽃을 앞세운다. 그러나 화려하고 멋져 봐야 결국은 어딘가에서 산 것일 뿐이다. 멋진 집과 많은 돈 그리고 풍족한 생활을 누리기 위해 부유한 사람과 결혼하길 원하는 여자는, 사회적으로 성공한 것처럼 보일지라도 결혼을 사업 계약처럼 만들고 남편을 재산으로 격하시킨다.

사랑은 왕과 왕후를 공경하듯 하는 것이며 전적으로 지지하는 것이다. 이러한 태도는 호르몬에 의한 우발적인 행동으로 가능한 것이 아니라 배워야 하는 것이다. 육체의 화학적인 반응은 사랑의 속도를 가속화하지만, 사랑을 증명하지 못할 뿐더러 길게 유지되지도 않는다.

사랑을 단순하게 생각하는 사람들에게는 사랑이 모순으로 보인다. 그들은 타인에게 행복을 찾으라고 말하면서 한편으로는 자신의 행복을 위해 타인에게 전적으로 헌신할 것을 요구한다. 다른 사람에게만 헌신하라고 말하는 것은 사랑이 아니다. 진정한 관계가 성립되려면 자기 자신도 똑같이 헌신하는 것이 중요하다.

사랑은 진실한 관계에 있다. 육체적 매력이나 사회적 지위에만 마음이 가 있는 사람들에게는 슬픈 이야기다. 고대 사람들에게 심오한 철학적 질문의 주제였던 진실한 관계가 이제는 동료애나 협동심과 같은 비교적 낮은 기준에 머물러 있다. 이러한 현실은 진실한 관계가 왜곡되었다고 해도 무방할 정도다. 진실한 관계에는 경쟁도, 의미도, 충성도 없으며 동료애나 협동심보다 더 중요하다.

진실한 관계는 동등한 만남을 필요로 한다. 맹자는 "진실한 관계는 두 몸 안의 한마음"이라고 말했다. 진실한 관계는 메아리와 같은 것이 아니며 소리를 죽인 채 마주 보는 것도 아니다. 그것은 누군가의 마음에서 마치 거울에 비친 자신의 마음을 발견하고, 강렬한 흥분을 느끼는 관계다. 진실한 관계는 서로를 인정하고 동등하게 여기며 함께할 때 더 큰 역량이 발휘된다. 이것이 진실한 관계에 대한 기준이자 의미다.

우리는 힘든 현실에 처했을 때, 애정 어린 손길이 필요할 때 진실한 관계를 찾는다. 진실한 관계를 통해 자신이 매력적이라는 것을 느끼고, 호감이 가는 사람이라는 것을 알 수 있다. 또한 그 관계를 통해 자신 안에 가치 있는 무언가가 있다는 것도 알게 된다. 또한 누군가에게 감탄하여, 그를 존경하는 마음이 생길 수 있다는 사실과 자신이 가진 재능이 누군가에게 부러워할 만하다는 것을 경험하게 된다. 우리는 신뢰할 수 있는 진실한 관계 안에서 자신의 품성이 어떤지 느낄 수 있다.

진실한 관계는 인생에 방해가 되지 않는다. 그것은 삶의 접착제이며, 삶을 지탱하는 중심점이다. 진실한 관계는 상대방의 모든 것을 받아들이려 하면서도 자신은 상대방에게 가장 좋은 것을 주려고 하는 것이다. 진실한 관계는 눈살을 찌푸리지 않고 들어주며, 응원하고, 함께한다. 또한 장점을 키워 주고, 억압하지 않고 자유롭게 해 준다. 그리고 상대방은 자신을 위해서가 아니라 나를 위해 나를 사랑한다. 그가 원하는 방식이 아니라 내가 원하는 방식으로 나를 사랑한다. 진실한 관계는 내 영혼과 마주하는 관계다.

진실한 관계가 없는 곳에는 진정한 대화도, 신뢰할 만한 대화 상대도 없다. 그저 허공을 떠도는 말과 잠깐 들어 주는 사람이 있을 뿐이다. 그런 사람은 우리의 이야기에 본질적으로 관심이 없다. 물론 진실한 관계가 없는 곳에도 우리를 필요로 하는 사람들이 있을 수 있다. 그러나 그들 때문에 삶이 눈부

시게 아름다워지는 일은 없다.

　진실한 관계를 잃는 것은 삶의 틈이 조금 벌어진 정도의 문제가 아니다. 그것은 두고두고 가슴을 아프게 한다. 어떤 것도 잃어버린 관계를 대신하지 못한다. 진실한 관계가 떠난 뒤 나의 삶의 문이 닫히고, 어느 누구에 의해서도 열리지 않을 수 있기 때문이다.

　인생에 진실한 관계가 없다면 영혼은 메마르고, 그로 인해 삶이 비틀거릴 것이다. 진실한 관계는 결혼 생활과도 깊은 관련이 있다. 진실한 관계 없이는 결혼 생활이 유지되기 힘들다. 결혼 생활을 위해서는 진실한 관계가 무엇인지 알아야 한다. 경제적인 어려움이 닥치거나 건강이 악화될 때, 진실한 관계가 없다면 진정한 결혼 생활은 유지되지 못한다. 함께한 세월이 결혼 생활을 유지해 주지 못한다. 서로를 인정하고 함께할 때 진실한 관계로 인해 결혼 생활에 사랑이 싹튼다.

　지나친 자기애와 부족한 자존감은 인간의 마음을 침식시키고 사랑의 발전을 막는다. 자기 자신에게 도취된 사람은 다른 사람들이 자신을 섬기기 위해 태어났다고 생각한다. 이런 사람은 자신의 삶에 대한 책임을 다른 누군가에게 넘기고, 자신의 목적을 위해 눈에 보이는 모든 것을 소비한다. 그들은 받고, 받고 또 받으면서 주는 것은 아무것도 없다. 그들은 자신에게 맞춘 결혼 생활을 원한다. 반면, 자존감이 낮은 사람은 누군가의 뒤에 숨어서 현실을 회피하면서 자신의 정체성을 얻는다. 타인에게 지나치게 의지하다 보면 영원한 사랑을 누릴 수 없게 된다. 곧 서서히 관계가 흐트러지고 그들의 관계가 적나라하게 드러난다. 한 사람의 인생은 없어지고 다른 한 사람의 인생만 남는 결혼 생활은 안정적일 수 없다.

독립적이지 않은 관계는 결코 진실한 관계가 될 수 없다. 성 역할이 고정되어 있지 않은 오늘날에 한 사람의 인생이 희생되는 방식의 결혼 생활은 결코 동반자 관계라고 할 수 없다. 아내는 양육자 그 이상이다. 아내도 재능과 생각을 지닌 사람이다. 남편은 부양자 그 이상이다. 남편도 감정과 눈물을 지닌 사람이다. 따라서 진실한 관계에 바탕을 둔 결혼 생활은 두 사람이 서로에게 얽매이지 않으며, 서로에게 가능성을 열어 준다.

오스트리아의 의사 조셉 바르트는 "결혼은 우리가 성장할 수 있는 가장 좋은 마지막 기회"라고 말했다. 다시 말해서 결혼은 두 사람이 함께하지만 서로를 구속하지 않고, 연결되어 있지만 각자의 참모습을 억누르지 않으면서, 힘을 합쳐 완성의 길로 나아갈 수 있다는 희망을 주는 것이다.

사랑이 보여 주는 것들

사랑의 영적인 효과는 대단히 크다. 사랑을 아는 것은 자유로운 신뢰를 아는 것이다. 우리가 서로 사랑하면 세상을 사랑할 수 있다. 예상치 못했던 사랑이란 보물을 발견해 본 사람은, 그것을 어디에서나 찾을 수 있다. 그 사랑은 인생에서 만나는 사람들로부터 캐내는 천연 자원이자 우주의 원소이며 에너지가 된다.

우리가 누군가의 아름다움을 볼 수 있다면, 세상의 아름다움 또한 알아볼 수 있을 것이다. 그리고 자신 안에서 하느님의 경이로움을 느낄 때, 지상에서 천국의 의미를 이해할 수 있게 된다. 사랑을 받으면 새로워지고, 자신이 가치 있는 존재라는 인식과 함께 경이로움을 발견하게 된다.

사랑에 푹 빠진 아들에게 어머니가 물었다.

"네 약혼녀는 너에 대해 어떻게 생각하니?"

아들이 꿈꾸듯 말했다.

"내가 잘생기고, 능력 있고, 춤도 잘 춘다고 생각해요."

"그러면 너는 그 애를 어떻게 생각하니?"

그러자 아들이 대답했다.

"나를 잘생기고, 능력 있고, 춤도 잘 추는 사람으로 봐 주는 여자라고요."

사랑은 옹졸함에서 벗어나게 해 줄 뿐만 아니라 다른 사람을 위해 위험을 무릅쓸 용기를 준다. 사랑은 한계가 있는 나에게서 일어나기 어려운 일이 기적처럼 일어나게 함으로써 기적을 행하시는 하느님의 위대함을 가르쳐 준다. 또한 사랑은 우리의 자존감을 높이고 감탄과 경의를 자아내며, 우리 스스로를 아름답고 당당하다고 느끼게 만든다. 사랑은 우리를 일상의 단조로움에서 들어 올려 놀랍고도 충만한 삶의 왕관을 씌워 준다. 사랑은 긴 하루를 편하게 만들고 어려운 때를 잘 견딜 수 있게 하는 인정과 긍지와 관심과 긍정을 가져온다. 사랑은 우리 자신을 사랑할 수 있게 하고, 나아가 다른 사람도 사랑할 수 있게 한다. 마지막으로 사랑은 우리에게 하느님의 마음을 보여 준다.

안식일 저녁만 되면 숲에 가는 랍비가 있었다. 그는 하느님을 만나기 위해 숲으로 들어간다고 했다. 어느 안식일 저녁에 신도들은 한 사람을 시켜 랍비의 뒤를 밟게 했다. 숲 속 깊이 들어간 랍비는 작은 오두막에서 멈췄다. 그곳에는 유다인이 아닌 한 노파가 살고 있었는데, 불구의 몸인 그녀는 죽을 것같이 고통스러워하며 누워 있었다. 랍비는 그곳에서 노파를 위해 장작을 나르고 청소를 했다. 일을 다 마친 그는 곧장 유다교 회당 옆에 있는 자신의 집으로 돌아갔다. 마을 사람들은 랍비의 뒤를 밟은 사람에게 물었다.

"우리가 생각한 대로 랍비가 하늘로 올라갔습니까?"
"아니요."
그 사람은 잠시 생각한 후에 대답했다.
"랍비는 그곳보다 훨씬 더 높은 곳으로 올라갔습니다."

이 랍비에 관한 이야기는 우리의 영혼을 자극한다. 사랑은 우리 자신을 위한 것이 아니다. 사랑은 우리를 자유롭게 하여 다른 사람이 하느님을 볼 수 있게 한다. 사랑은 감각과 판단 너머에 있는 것을 보게 한다. 사랑은 우리의 실제 모습을 그리고 우리가 되고 싶어 하는 자신의 모습을 보게 한다.

사랑은 내면에 있는 작지만 좋은 것을 보게 하고, 모든 것을 용서한다. 우리는 메마른 영혼에게서 매일 이러한 용서가 이루어지는 것을 보며, 무엇보다 지상에서 우리에게 베푸신 하느님의 사랑을 보며, 바보 같다거나 어이없다고 말할지도 모른다. 그러나 이러한 사랑은 결국 우리를 위한 것이고, 우리에게 필요한 거룩함이다.

"사랑은 생명과 죽음을 잇는 유일한 다리다."

웃을 때

"유머는 우리에게 주어진 것에 대한 위로다."

규칙에서 벗어나게 하는 힘

코헬렛은 깊은 영성 생활과 거룩한 삶이 우울하지 않다는 증거라고 할 수 있다. 코헬렛은 '잃을 때'가 있다고 말할 뿐만 아니라 '웃을 때'도 있다고 말한다. 모든 일에는 때가 있으니 언젠가 웃을 때도 있을 것이다.

나는 웃는 것을 너무 좋아해서 웃음에 관한 책들을 사곤 했다. 분명 웃음은 정신뿐만 아니라 건강에도 유익하다. 나는 웃음에 관한 논문이 실린 책 두 권을 산 적이 있는데, 첫 번째 책을 읽고 나서 그것이 풍자에 관한 내용이었다는 걸 알았다. 하지만 풍자를 이해할 만큼 나는 똑똑하지 않았다. 두 번째 책을 다 읽고 났을 즈음에는, 내가 사회적인 피해를 줄 수 있는 집단, 즉 웃음을 학술적으로 이해하려는 부류의 사람임을 깨달았다. 나와 같은 사람들은 다른 이의 웃음을 쉽게 앗아갈 수 있는 사람들이었다. 여기에는 순수한 의도처럼 행세하는 악의가 있다. 코헬렛이 생각한 웃음에 관한 이야기는 이런 이야기와는 전혀 다른 것이리라.

코헬렛은 억누르기 힘든 생각에서 영혼을 환기시키는 힘이 웃음이라고 말한다. 웃음은 세상의 모든 규칙이 무용지물이 되고, 계급과 신분이 평등해지며, 힘없는 이들이 이기는 순간을 주목한다.

선생님이 수업에 집중하지 않는 학생에게 물었다.
"왜 집중하지 않니? 이미 아는 내용이라 집중하지 않아도 된다고 생각하나 보구나. 그럼 1898년에 무슨 일이 일어났는지 말해 볼래?"
"전함 메인호가 가라앉았어요."
선생님이 고집스럽게 물었다.
"그러면 1900년에는 무슨 일이 일어났니?"
"메인호가 2년 동안 가라앉았어요."

자, 어떤가? 이 이야기가 엉터리 같지만, 뭔가 갑자기 인생이 환해지고 무엇이든 가능할 것 같은 기분이 들지 않는가?

무엇보다 자기 자신에 대해 웃을 수 있을 때, 실수를 하고 웃을 수 있을 때, 그래서 그 실수가 숨겨야 되는 인생의 한 비극이 아니라 잠시 규칙에서 벗어난 느낌이 들 때, 그 웃음은 건강에 좋다. 나는 스스로 웃을 수 있을 때 내가 죽을 위험에서도 살아남을 수 있다는 걸 알았고, 인생의 중대한 결정을 내릴 수 있었다.

웃음은 우리를 자유롭게 하고 기분을 고양시킨다. 웃음이 있는 삶은 불가능한 것이 없고, 어려울 것이 없으며, 어떤 것에도 패배하지 않는다. 그리고 한낮의 뜨거운 태양과 어두운 죽음, 끝도 없이 계속되는 일상의 지루함에서도 살아남아 정말 신나는 인생을 살아가게 한다. 웃음은 항상 인생을 더 즐겁게 하는 은총인 것이다.

유머를 어려워하는 이들

어떤 사람들은 유머를 어려워한다. 그들은 흥미로운 이야기를 하며 농담을 시작하지만 이내 맥없이 끝난다. 그들은 두

개의 농담을 한꺼번에 말하면서도 그것이 섞였는지도 모른다. 안타깝지만 그들에게는 이야기를 꺼내지 않는 것도 하나의 방법이다. 혹은 이런 때 유머 감각을 가진 친구가 도와줄 수 있다. 이들에게는 웃음이 축복이지만, 단순한 선물은 아니다. 그래서 그들에게는 자신의 이야기를 듣고 웃어 주는 이들이 더 없이 소중한 이들이 된다.

한편 유머가 없는 사람들이 있다. 그들은 세상을 살아가는 데 유머가 필요 없다고 생각한다. 그들은 치열하게 사는 엄숙한 사람들로, 인생에서 어떠한 어리석은 짓도 용납하지 않고 다른 사람의 어리석은 짓도 참지 못한다. 그들과 함께 일하는 것은 사포 위에 앉아 있는 것과 같다. 그것 때문에 죽지는 않겠지만 편안하지도 않다. 그들은 스스로를 둥글둥글하게 만들 것이 필요하다. 나는 마크 트웨인이 오랜 시간을 보내고 싶은 곳이 어디냐는 질문을 받았을 때 이런 부류의 사람들을 염두에 두고 대답했다고 생각한다. "날씨로 치자면 천국이 좋고, 친구로 치자면 지옥이 좋습니다."

그러나 웃음에도 장애물이 있다. 장애물을 지닌 사람들 사이에서 이것이 미덕으로 통한다. 바로 정의라는 이름으로 인생을 부정적으로 보는 시각이다. 이러한 시각을 가진 사람들은 위험하다. 그들은 성당에서 어린아이들에게 겁을 주고, 즐거운 파티에서도 판결을 내린다. 그들은 스스로 분노의 신의 전령이 된다. 이들은 거룩함을 추구하며 허튼 생각을 용납하지 않는다. 이러한 사람들의 거룩함은 열정이라기보다는 병에 가깝다.

그들은 때때로 성스러움을 내세우며 유머를 경박하다고 말한다. 이러한 사람들은 웃음이 삶의 존엄성을 훼손시키는 것이라고 믿는다. 그러나 코헬렛은 다르게 생각했다. 그리고 성경을 꼼꼼하게 읽었다면 하느님도 마찬가지이심을 알 수 있다. 웃음은 인생의 심각함을 견딜 수 있게 해 주고, 막막함을 풀어 주고, 여유를 가질 수 있게 해 준다. 성인들을 지나치게 엄숙한 사람들로 보는 견해는 오히려 세상을 죄 짓게 만드는 것일 수 있다. 하느님도, 아브라함의 아내 사라도, 잠언의 저자도 웃었다. 웃는다는 것은 매우 중요하다.

웃음을 가로막는 두 번째 장애물은 완벽주의에 대한 집착이다. 호러스 월폴은 유머에 대해 이렇게 표현했다. "상상은 우리에게 없는 것에 대한 보상이다. 유머는 우리에게 주어진 것에 대한 위로다." 어떠한 유머도, 즐거움도 거짓된 완벽함을 추구하는 사람의 영혼 속으로는 스며들 수 없다. 그들은 어떠한 것도 가볍게 받아들일 수 없을 정도로 완고하다. 그들은 자신들에게서 돌보다 인간에 더 가까운 모습을 발견할까 봐 두려워한다. 이들은 노래를 듣고 흥에 겨워도 가사를 모르면 절대 흥얼거리지 않는다. 그들은 탱고는 춰도 절대로 막춤은 추지 않는다.

인생에서 웃어야 할 때

1. 사람들이 농담할 때 웃어라. 그러지 않으면 그들의 기분이 나빠질 수 있다.
2. 거울로 자신의 얼굴을 볼 때 웃어라. 그러지 않으면 자신의 기분이 나빠질 수 있다.
3. 실수했을 때 웃어라. 그러지 않으면 진정으로 중요한 것이 무엇인지 무감각해진다.
4. 어린아이들과 함께 웃어라. 그러면 삶의 기쁨을 되찾을 것이다. 또한 유머 감각도 높아질 것이다. 아이들이 웃는 것을 눈여겨본 적이 있는가? 그들은 얼굴

에 묻은 소스만 봐도 웃는다. 바지에 묻은 흙을 보고도 웃는다. 볼을 만져도 웃는다. 아이들의 웃음은 우리의 시각을 새롭게 한다.

5. 자신이 통제할 수 없는 상황을 보고 웃어라. 멋진 신랑이 결혼반지를 챙기지 않아 당황하면 웃어라. 개가 손님에게 달려들면 주저앉아 한참 동안 웃어라. 짝이 안 맞는 신발을 신고 있는 자신을 발견하게 되면 웃어라. 가능한 한 크게 웃어라. 왜 고뇌를 하며 좌절하는가? 이럴 때는 어떻게 해도 상황이 바뀌지 않는다.

6. 잘난 척하는 사람을 보면 웃어라. 옷이나 차로 자신을 과시하는 사람을 보면 웃어라. 잘못된 성 철학을 가진 여성우월주의자나 남성우월주의자를 보면 웃어라. 그러면 그들에게서 자유로워지고 그들은 자기 자리로 돌아갈 것이다. 웃음은 사회적 미덕이기 때문에 인생에서 믿을 만한 것과 그렇지 않은 것의 차이를 알게 해 준다.

7. 마지막으로 세심하게 준비한 모든 계획이 틀어질 때 웃어라. 비행기 이륙 시간이 지연되고, 음식점 문이 닫혀 있고, 보고 싶었던 영화가 어제부로 상영이 끝났을 때 웃어라. 그 순간 우리는 자유로워진다. 곧바로 방향을 바꿀 수 있고, 뭔가 다른 것을 선택할 수 있으며, 인생의 한 부분을 과감하게 버릴 수 있다.

물론 웃을 수 없는 경우도 있다. 모든 사람들에게 상처를 주는 것, 그리고 유머가 용납되지 않는 상황이 그렇다. 특히 위트인 척하는 조롱은 유머가 사람들에게 가하는 압박을 정당화한다는 고정 관념을 심화한다. 독일의 작가 요한 볼프강 폰 괴테는 이렇게 표현했다. "사람들은 재미있다고 생각되는 말을 들을 때보다 무가치한 말을 들을 때 더 노골적으로 자신들의 성격을 드러낸다." 성차별주의적인 조롱이나 인종에 대한 비방, 민족을 들먹이는 농담, 신체적 한계에 대한 비하는 유머로 위장된 독일 뿐이다.

이러한 상황에서의 웃음소리는 기분이 상했음을 분명하게 나타낸다. 즉 웃음이 유쾌하지 않고, 그 강도나 소리가 약해지고 작아진다. "왜 이렇게 심각해? 농담이야, 농담." 이 말이 나오는 순간, 그 자리에 있는 모든 사람이 말은 하지 않아도 누군가의 마음이 차갑게 식어 버렸음을 안다. 이러한 유머는 억압의 도구가 된다. 찰리 채플린은 "웃음은 강장제인 동시에 안정제이자 진통제"라고 했다.

건강한 정신을 위한 기초 세우기

결국 죽고 사는 문제가 아닌 이상 모든 일에 대해 웃을 수 있어야 한다. 그 비법은 삶은 그저 삶이고, 죽음 또한 그저 죽음일 뿐이라고 생각하는 것이다. 그러면 우리가 마음대로 그릴 수 있는 캔버스는 넓어지고, 팔레트에 있는 물감은 많아진다. 온 세상은 광대들의 낙원이 되어, 우리는 그 속에서 예측하지 못했던 것을 보고 웃게 된다. 그렇다면 인생의 흠은 하느님이 우리에게 주신 비밀스러운 선물일 수도 있지 않을까? 정신과 의사인 칼 메닝거는, 인생의 흠은 우리에게 주어진 규칙과 계획 그리고 사회적 압박에서 자유로워져 스스로 길을 선택하게 하는 유일한 기회이므로 언젠가 꼭 필요한 것이라고 말했다.

중세 때 광대는 많은 사람들이 바보 같다고 말하는 기준에 따라 사는 사람을 상징했다. 그러나 사실 광대는 우리에게 웃음의 영적 효과를 상기시켜 준다.

다른 사람을 보며 또 스스로를 보고 깔깔거리며 웃을 수 있는 은총은 복수의 신에게 대처할 수 있는 해독제다. 이 은총이 없었다면 우리는 서로에게 엄격한 잣대를 들이대며 서로를 잔인하게 심판했을 것이다. 우리가 다른 사람들의 잘못을 짚지 않고 유머로 넘어갈 수 있다면, 그들은 부족한 우리의 모습에서도 아낌없이 사랑을 주시는 하느님을 떠올릴 수 있을 것이다.

이슬람교의 신비주의 종파인 수피교에는 이런 말이 있다. "돼지에게 노래 부르는 것을 가르치려고 애쓰지 마라. 그것은 가르치는 사람을 좌절시키고 돼지를 짜증 나게 만들 뿐이다." 인생에 흠이 하나도 없을 수는 없다. 그러나 웃음은 그 흠을 모아 유용하고 아름다운 것으로 바꾼다. 웃음은 지혜의 심장이다.

웃음은 서로 다른 것을 하나로 만드는 구심점이며 건강한 정신을 위한 기초다. 웃는 사람에게 인생은 아름다운 것이고,

세상은 선한 것이다. 그 사람에게는 이중성이 없고, 두려움이 없고, 자신의 남루한 모습에 거부감도 없다. 오직 다정한 손길과 모든 사람을 끌어안으려는 마음이 있을 뿐이다.

마음의 족쇄는 눈을 멀게 하고 마음을 굳게 만든다. 그러나 웃음은 우리가 마음의 족쇄에 얽매이지 않고 세상에서 살 수 있게 한다. 또한 웃음은 우리에게 묵묵히 권력에 저항하고, 미소로써 교회의 심상을 보여 주신 예수님의 자유로움을 전해 준다. 아마도 예수님은 웃으며 이렇게 말씀하셨을 것이다. "하늘나라는 가난한 사람들의 것이다."(마태 5,3 참조) 또 이렇게 말씀하셨을 것이다. "하느님은 아버지시다."(마태 23,9 참조) 그분은 이곳저곳을 다니며 사람들의 병을 고치시고, 사람들에게 새로운 희망을 주어 웃게 하셨다. 죄인들과 함께 식사하셨고, 나병 환자들의 발걸음을 가볍게 하셨다. 물고기가 없는 곳에서 물고기를 낚으셨고, 음식이 없는 곳에서 음식을 만들어 군중과 함께 드셨다. 바리사이를 웃음거리로 만드셨으며, 잘난 체하는 자들에게 풍자로 영적인 교훈을 주셨다. 그리고 끝까지 넉넉한 미소를 지으며 하늘로 올라가셨다.

우리가 웃고 즐기는 법을 배우면, 우리와 함께 웃고 즐기시는 하느님을 더 잘 이해하게 될 것이다. 우리에게 너무나 과분한 선물을 약속하시는 하느님은, 비웃음을 당해도 웃으시는 분이시고, 모든 고통이 사라질 때까지 웃으시는 분이시다. 천국에는 오직 하느님의 웃음소리만 울려 퍼진다.

전쟁의 때

"우리는 황무지를 만들고 그것을 평화라고 부른다."

세계가 스스로 파는 무덤

나는 러시아에서 본 무덤을 잊을 수가 없다. 그 무덤에는 제2차 세계 대전 때 전사한 군인 2천만 명의 시신이 무더기로 묻혀 있다. 도시마다 그런 언덕이 하나의 배경처럼 자리한다. 그 모습이 마치 러시아가 몸이라면 팔이나 다리에 크게 부풀어 오른 자국처럼 느껴졌다. 수많은 러시아 남자들이 전쟁으로 희생됐다. 전쟁 후에 러시아 여성들의 얼굴에 서려 있던 공포가 지금도 떠오른다. 전쟁의 피해를 입은 그들을 돕기 위해 갔을 때, 그들은 "평화, 평화" 하며 눈물겹게 호소했다. 그 무덤과 그들의 얼굴이 잊히지 않는다. 나는 그 이후로 보스니아, 르완다, 팔레스타인, 엘살바도르, 니카라과, 이라크, 남아프리카 등에서 일어난 전쟁을 달리 보게 되었다. 그리고 미국에서 전쟁에 관한 글을 쓰는 것이 왜 그토록 어려운지 깨닫게 되었다.

미국은 전쟁을 여러 차례 일으켰다. 어떤 전쟁은 크고 고상한 이상을 위한 것이었고, 어떤 전쟁은 근본적인 이유 곧 국민을 구하거나 석유 같은 자원 때문이었다. 그러나 어떠한 국제적 관여를 했든 간에 미국은 진정한 전쟁이 어떤 것인지 알지 못했다. 희생자가 발생했지만, 자신들의 부모와 아이, 집, 도시, 국가, 미래를 잃지 않았기 때문이다.

전쟁은 국가의 심장 속에 은밀하게 자리 잡은 벌레와 같다. 그것은 국가의 핵심 인사를 부추겨 국가의 자원을 빼내어 사업으로 만들고 수출까지 이뤄 낸다. 이제는 더 발전해야 한다고 주장할 뿐만 아니라 면세까지 주장한다. 예전에는 아이들에게 미국의 주요 수출 품목은 밀이라고 가르치는 것이 거짓말이 아니었다. 그러나 이제 아이들에게 정직하게 가르치려면 미국의 주요 수출 품목은 무기라고 말해야 한다. 우리는 우리 자신의 종말을 사고팔고, 이 세상의 무덤을 만들고 있다. 더 심각한 것은 무기의 최고가 입찰자에게 죽음을 팔아 놓고서는 그것을 '안전'이라고 부른다는 사실이다.

미국의 언론인 랜돌프 본은 이렇게 말했다. "야생 코끼리 등에 올라탄 사람은 그 코끼리가 가는 곳으로 갈 수밖에 없다." 우리도 지금 제어되지 않는 야생 코끼리를 타고 코끼리가 가는 대로 갈 수밖에 없는 상황이다. 우리는 대학살을 애국심으로 위장했다. 세계를 구하기 위해서는 전쟁과 싸움을 해야 할 때다.

전쟁의 추악한 속내

우리는 구약의 다윗과 골리앗의 이야기에서 이와 같은 상황을 분명하게 볼 수 있다. 여기에는 용감한 모습으로 평원에 대열을 갖춘 군대의 모습이나 그들의 순수한 이상, 숭고한 동기는 언급되지 않는다. 이 짧은 이야기는 정적들 간의 전쟁이 아니라 순수한 이상주의자와 전쟁에 능숙한 전사의 싸움을 담고 있다. 그러나 다윗은 전사와 전쟁하는 것이 아니라 사상과 전쟁하는 것이다. 골리앗은 비인격화된 상대다. 다윗은 그저 무고한 비전투원이자 희생자다. 다윗이 상대편을 물리쳐도, 어딘가에서 일어날 다른 전쟁까지 막을 순 없으며 전쟁에 사용될 무기를 모두 없앨 수도 없다.

미국의 작가 헨리 데이비드 소로는 이렇게 말했다. "악의 뿌리 한 개를 뽑은 사람은 악의 가지 천 개를 부러뜨린 효과를 얻는다." 다시 말해서 전쟁을 하는 것으로 전쟁을 막을 수 없다는 뜻이다. 그것은 가지를 치는 것이며, 적자생존일 뿐이다. 심지어 그 적자생존이 반드시 보장되지도 않는다. 전쟁은 그 원인을 제거해야만 막을 수 있다. "하느님을 위해", "조국을 위해"라고 하면서 전쟁을 고귀하고 영광스러운 것으로 만들어, 전쟁을 받아들이게 하는 마음속의 폭력을 제거하는 것이 전쟁과 싸우는 것이다.

그러나 우리는 여전히 젊은이들을 그들의 집에서 데리고 나와 죽음을 향해 맹목적으로 행군하는 법을 가르친다. 그리하여 그들이 모르는 것을 파괴하고, 보지 못한 것을 증오하게 한다. 전쟁은 생계 수단이라는 이유로 인간의 정신을 약탈한다. 강간과 유린, 재난을 숨기고, 잔혹한 짐승이 되기 위한 훈련을 감추기 위해 표현을 순화한다. 우리는 인류 역사상 가장 치명적인 무기에 가장 선한 이름을 붙였다. '리틀 보이(꼬마)', '밤비(아기 사슴)', '피스메이커(중재자)' 심지어 한꺼번에 250개의 도시를 겨냥하여 파괴할 수 있는 크루즈 미사일 시스템을 갖춘 핵잠수함에는 '코퍼스 크리스티(그리스도의 몸)'라는 이름을 붙였다. 오히려 그리스도의 몸을 파괴할 무기에 이런 이름을 붙이는 것은 그야말로 신성 모독이다.

우리는 부수적인 피해를 파악하는 차원에서 사상자의 수를 센다. 승자를 위한 희생자를 만든 것이다. 이미 희생될 줄 알았던 사람들의 시체 수십만 구를 세면서 자신을 승자라고 부른다. 그러나 이는 가장 약한 이들에게 정신적 불구, 육체적 희생, 영적 고통을 겪게 한다. 희생된 이들의 부모와 연인과 아이들을 때 이른 과부와 고아로 만들기 때문이다. 로마의 시인 세네카는 이렇게 말했다. "우리는 황무지를 만들고 그것을 평화라고 부른다."

나의 사촌은 제대를 불과 몇 주 앞두고 베트남 전쟁에서 죽었다. 온순한 성격의 삼촌은 스무 살 외아들의 관 앞에서 모두가 들을 수 있도록 반복해서 말했다. 자신의 착한 아들이 영웅으로 죽었다고. 그러나 그때 나는 불타는 마을과 난민이 된 아이들, 강간당한 소녀들, 힘없이 죽어 간 농부들이 떠올랐다. 나는 거기에서 어떠한 영웅적인 것도 발견할 수 없었다. 그리고 나의 사촌 같은 젊은 군인들도 전쟁의 희생자라는 것을 깨달았다.

  미국의 시인 칼 샌드버그는 이런 질문을 던졌다. "전쟁을 일으켜도 아무도 지원하지 않았다면 어떻게 되었을까?" 정부가 전쟁을 일으키려고 했는데 국민들이 거부했다면 어떻게 되었을까? 어머니들이 아들을 도살자에게 넘기지 않고, 딸을 살인자에게 넘기지 않았다면 어떻게 되었을까? 아버지들이 지나치게 남성다움을 과시하는 문화를 가르치지 않았다면 어떻게 되었을까? 교회가 교리서에서뿐만 아니라 더 적극적으로 전쟁을 반대했다면 어떻게 되었을까? 우리가 이라크 아이들 15만 명의 죽음을 승리의 결과물로 여기지 않았다면 어떻게 되었을까? 목사들이 전쟁 승리, 곧 대량 학살을 축하하기 위해 교회의 종을 치는 것을 거부했다면 어떻게 되었을까? 낙태를 반대할 때처럼 성직자들이 핵무기에 대한 반대 입장을 명확히 했다면 어떻게 되었을까? 우리가 전쟁은 군대의 몫이라는 생각을 버리고, 무고한 사람들을 집단 학살하는 것임을 인지했다면 어떻게 되었을까? 비폭력 저항을 진지하게 받아들였다면 어떻게 되었을까? 우리가 살인이라는 방법을 선택하지 않았다면 어떻게 되었을까?

아우구스티노 성인은 "적을 죽이기 위해 사용하는 칼은 반드시 우리의 심장을 먼저 뚫는다."라고 말했다. 다른 사람들을 죽이기 위해 만든 물건이 우리도 죽일 수 있다. 그것은 우리의 환경과 사회를 파괴하고, 미래를 무너뜨린다. 그리고 우리의 영혼을 비틀어 놓는다.

미국은 이제 자기 자신과 전쟁을 하는 국가가 되었다. 아이들의 피가 거리에 흐른다. 그들에게 폭력을 가르쳤기 때문이다. 세계에서 가장 잘 무장된 국가지만 동시에 가장 안전하지 못한 국가이기도 하다. 인종의 집합체인 미국 사회는 항상 일촉즉발의 상태다.

우리 안에 있는 폭력성을 제거하려면 정확히 무엇이 필요할까? 자기 자신을 파괴하는 것이 우리의 운명일까? 인류는 스스로 만든 과학 기술의 괴물보다 더 오래 생존할 수 있을까? 이러한 인간의 본성에 관한 내용이 우리가 사는 시대에 대한 질문이 되었다. 아인슈타인은 "다음 세상의 전쟁은 돌로 치러질 것이다."라고 말했다. 그는 우리의 손으로 이 세계가 파괴되고 과거로 돌아갈 것이라고 생각한 것이다.

변명에 묻힌 평화

전쟁을 없애기 위해서 제거해야 할 장애물이 있다. 그러나 그 장애물은 너무나 은밀하게 존재해서 많은 사람들이 장애물이 있다는 사실을 믿지 못한다. 우리 안에는 외부의 어떠한 적보다 크고 강한 적이 있다. 그 적은 우리가 평화를 알기 전부터 우리를 길들인다. 그것이 바로 이익과 권력에 대한 탐욕이다. 이익과 권력에 대한 탐욕은 모든 차원에서 나라 전체에 파고들어 영혼을 서서히 병들게 만드는 우리 시대의 진정한 적이다.

이익에 대한 탐욕은 미묘한 환심을 사는 방식으로 나라 전체를 유혹한다. 무기를 팔아 벌어들이는 돈으로 경제 상황이 좋아지면 누구도 그 이유에 대해 묻지 않는다. 거대한 음모와 침묵의 가면으로 가리고, 지구의 죽음을 초래하는 공장에서 얻은 돈을 '경기 선행 지표'라고 부른다. 많은 사람들이 교육이나 사회 복지를 위한 예산을 늘리지 않고 전쟁을 위한 예산을 늘린다고 해서 시위에 나서지 않는다. 우리는 경제와 이익을 위한 것이라면 지구를 파괴하는 것도 필요하고, 또 어쩔 수 없다고 말한다. 또한 우리를 전쟁의 노예로 만드는 방위

산업이 자유를 위해 꼭 필요하다고 생각한다. 심지어는 국가의 잘못된 행보도 필요한 일이라고 말하게 되었다.

산에서 흐르는 물을 유일한 식수원으로 사용하는 나라가 있었는데, 어느 날 그 지류가 오염되었다. 몇 사람이 그 물을 마시기를 거부하며 다른 사람들에게도 마시지 말라고 했다. 그러나 마을 사람들은 평소와는 다른 그들의 행동을 어처구니없다고 생각했다. 결국 그 물을 마시지 말라고 막았던 사람들을 제외하고는 모두 그 물을 마셨고, 마신 이들은 다 병에 걸렸다. 물을 마시지 않은 사람들은 왕에게 가서 이 심각한 상황을 어떻게 해야 할지 물었다. 그러자 현명한 늙은 왕은 이렇게 말했다.

"이 물을 마시는 것은 분명 미친 짓이다. 그러나 우리가 이 물을 마실 수밖에 없다면, 적어도 세상 사람들에게 우리도 스스로 미친 짓을 하고 있음을 안다고 전해야 한다."

분명 악은 나라 전체에 서서히 파고들지만, 우리는 그것을 선과 자유 그리고 합당한 방어라고 부른다. 이것이 바로 가장 큰 착각이다. 우리가 자신의 영적 상태의 심각함을 안다면 아마 치료할 수 있을 것이다. 영국의 소설가 조너선 스위프트는 이렇게 말했다. "나는 사악해진 사람을 보고 놀라지 않지만, 부끄러워하지 않는 사람들을 보면 놀란다." 우리의 부끄러움을 강탈하고, 이익만 추구하는 내면의 괴물을 없애야 한다. 그 괴물은 도덕적인 이유라는 거짓말로 우리를 위험한 곳으로 내몰았다. 우리는 다시 인간이 되어야 한다.

우리를 괴롭히는 두 번째 강적은 권력에 대한 탐욕이다. 많은 나라들이 그렇듯 우리는 권력을 통한 지배에 집착한다. 그래서 다른 나라들과 다르다고 하면서도, 군사력을 키워 지역에 대한 지배력을 장악하고자 한다. 이는 어느 나라나 어느 사람이나 똑같다. 결국 서로를 견제하고, 공격하면서 피폐해져 간다.

자유에 관해 우리가 무엇을 이야기하든, 우리는 권력과 지배의 먹이가 되었다. 세상의 평화를 위해 모두가 힘써야 한다고 말하지만, 적어도 지금 같은 모습과 방식으로는 불가능하다. 인권을 보호해야 한다고 말하면서 가난한 나라의 사람들의 인권을 외면한다. 강한 군사력이 있으면서도 시리아와 보스니아의 내전을 막지 못한다. 그들에게 관심이 없는 것이다. 우리는 도의적인 대화를 포기하고 짐승과 같은 힘을 선택했다. 결국 우리는 스스로 이 세상의 불의와 분쟁을 종식시킬 수 있는 희망을 찾지 못하도록 만들어 버렸다.

진정으로 전쟁해야 하는 적

우리는 왜 이렇게 행동하게 되었을까? 무언가가 우리의 굶주리는 영혼을 괴롭히기 때문일까? 아니면 우리가 영적으로 메말랐기 때문일까? 교회가 복음보다 제도에 너무 많은 에너지를 썼기 때문일까? 하느님의 통치가 실현되려면 먼저 이 땅에서 시작되어야 한다는 예언자들의 말을 무시한 채, 그저 천국에 들어가기 위해 기도하는 데 더 많은 시간을 들였기 때문일까? 물론 이러한 이유가 맞겠지만, 이것 때문만은 아니다.

가장 중요한 이유는, 우리가 사랑의 하느님에게서 전사인 하느님의 모습을 찾기 때문이다. 심지어 몇몇 나라에서는 국가와 신앙의 관계를 잘못 인식하고 있다. 특히 미국인들은 미국이 특별히 하느님의 둘도 없는 보호를 받고, 하느님의 사랑을 받으며, 하느님의 뜻을 행하도록 선택되었다고 생각한다.

남북전쟁을 이끌던 에이브러햄 링컨은 이런 사람들에게 "하느님이 우리 편이냐 아니냐가 중요한 것이 아니다. 우리가 하느님의 편이냐 아니냐는 것이 중요하다."라고 말했다.

우리는 폭력을 혐오하면서도 비폭력을 연구하지 않는다. 분쟁을 싫어하면서도 분쟁 대처 방안에 관한 연구를 요구하지 않는다. 우리는 매번 역사적 불의 앞에서 스스로의 무력함에 좌절하면서도 젊은이들을 저항 운동에 참여시키기보다는 국제 분쟁에 보내는 쪽을 선택한다.

그럼에도 적들은 사라지지 않고 우리는 그들 앞에서 무기력해진다. 무력을 앞세워도 가난으로 죽는 사람은 끊이지 않는다. 이는 복지 국가가 되는 것을 거부하고 전쟁 국가가 되었기 때문이다.

우리가 여성을 재산으로 여기며 인권을 존중하지 않은 사회를 바꿨듯이, 노예 제도와 정신 이상자를 사슬로 묶는 행위를 없앴듯이, 이제는 전쟁에 대한 지지를 철회할 때다. 전쟁은 현대의 문제에 대한 야만적인 접근법이다. 그것은 과학 기술의 광기다. 대량 학살을 평화라고 부르지 않는 한, 전쟁은 더 이상 효과가 없다.

전쟁이 인간의 갈등을 해결하기 위한 방법이라는 주장을 거부할 때, 평화를 지키는 사람, 강인하고 용감한 사람, 죽음의 하수인이 아닌 생명의 수호자가 되는 영적 효과를 얻는다.

진정한 '피스메이커'는 악과의 전쟁을 회피하지 않고, 악과 맞서는 방법을 찾는다. 하지만 평화를 위해 죽이는 일을 하지 않는다.

필요한 전쟁이란 없다. 그것이 진리다. 영국의 사상가 토머스 칼라일은 이렇게 말했다. "폭력은 정의를 더 멀어지게 만든다." 폭력에는 변명의 여지가 없다. 전쟁이 일어나는 것은 우리의 목표가 흐려지고, 정신이 부패하며, 마음이 길을 잃었기 때문이다. 그리고 이 상태라면 우리의 미래는 지금 생각하는 것보다 훨씬 더 위태로워질 것이다.

프랑스의 실존주의 작가 알베르 카뮈는 "우리 시대의 성인은 사형 집행인이 되는 것도, 피해자가 되는 것도 거부하는 사람"이라고 말했다. 우리는 높은 이상이라는 미명하에 무고한 사람들을 잔인한 야만인들의 먹이로 주는 것을 그만둬야 한다. 군사력 없이 싸움을 하면 파괴되겠지만, 최대로 무장을 한다 해도 승리를 보장하진 못한다. 이제는 비폭력으로 저항

해야 한다. 전쟁은 우리 안에 있는 야만성, 폭력성, 타락한 마음과 해야 한다. 이것이 바로 우리 자신으로부터 스스로를 구할 수 있는 유일한 길이다.

치유될 때

"슬픔이 있는 곳에 거룩한 땅이 있다."

상처와 치유의 상관관계

나는 어느 날엔가 갑자기, 누구도 코헬렛을 완벽하게 이해할 수 없을 것이라는 생각이 들었다. 그 순간 내 안으로 통찰의 물결이 마구 밀려왔다. 그러나 깨달음의 빛이 쏟아졌음에도 나는 여전히 코헬렛의 의미를 완벽하게 파악할 수 없다고 느꼈다. 코헬렛이 주는 깨달음은 여러 번에 걸쳐 천천히 다가오고 있었기 때문이다. 그 깨달음은 인생이 고통으로 새로워지고, 기쁨으로 신선해지며, 빛나는 순간마다 점차적으로 무언가를 깨닫도록 되어 있을 것이다. 어찌 보면 코헬렛의 의미가 매우 모호하다고 할 수 있다.

한편으로 코헬렛은 매우 현혹적이라는 생각도 든다. 코헬렛을 처음 보면 '이것의 때', '저것의 때' 하면서 의식을 무장

해제시킬 정도로 명확하고 간결하게 삶이 표현되어 있다. 부정적인 시선으로 보면 단조롭고 뻔해서 별로 큰 의미가 없어 보인다. 물론 우리가 생각 없이 코헬렛을 본다는 전제하에 그렇다. 그런데 나는 그 안에 담긴 주제로 고민하기 시작하면서 그런 시선이 잘못되었다는 것을 깨달았다. 특히 '치유될 때'에 관한 내용에는 두 개의 메시지가 들어 있었다.

치유될 때에 담긴 첫 번째 메시지는, 우리가 인생을 살다 보면 다른 사람의 괴로움에 대해 신경을 쓸 때가 있는데, 그때 우리가 그들의 괴로움을 줄여 줄 수 있다는 것이다. 두 번째는 누구나 자신의 깊은 상처가 치료될 때가 있는데, 이 과정이 인생에서 가장 중요한 순간임을 뜻하는 것이다.

이는 곧 상처의 치유와 회복이 자연스러운 인생의 한 흐름이라는 것이 아닐까? 또 우리 모두에게 항상 치유가 필요하다는 뜻이 아닐까? 그래서 우리가 상처를 받고 쓰러지더라도 결국 치유되고 살아남는다는 것을 알기에 위험을 무릅쓸 수 있다는 뜻이 아닐까? 결국 고통의 목적은 아픔을 주기 위함이 아니다.

그렇기에 우리는 계속 질문을 던지게 된다. 삶의 끝에는 무엇이 승리하게 될까? 더 이상 버틸 힘이 없어졌을 때 어떻게 치유될 수 있을까? 그 순간에 나는 어떤 모습을 보일까? 치유자일까 아니면 치유를 바라는 사람일까? 내가 치유를 바라는 사람이라면, 나는 무엇을 할 수 있을까?

영국의 극작가 보몬트는 "인간에게 진정한 시금석은 시련과 상처다."라고 말했다. 다시 말해서 시련과 상처는 금을 단련하는 불이나 나무를 단단하게 만드는 바람처럼 우리의 영혼을 확고하게 만든다. 시련과 상처가 없다면 우리는 스스로가 어떤 사람이고, 어떤 사람이 되고 싶은지 알 수 있을까? 결국 시련과 상처는 강인해지고자 하는 사람에게 중요한 기회며 필요한 도구다. 그리고 치유는 우리 각자의 안에서 때를 기다린다.

웃고 있어도 여전히 아픈 가슴

그러나 치유가 모든 상황에서 이루어지는 것은 아니다. 과거의 상처는 여전히 쓰리다. 우리가 텔레비전을 보는 동안에도 우리 안에 있는 작은 상처들이 아려 온다. 우리는 속으로 고통을 느끼지만 겉으로는 태연한 표정을 짓는다. 우리는 과거의 사람들은 상상도 할 수 없는 많은 고통을 태연하게 넘기는 법을 배웠다. 예를 들면 부패한 사회나 자신을 괴롭히는 사람들에게서 고통을 느끼지만 "관심 없다."라는 한마디 말로 자신이 치유되었다고 생각한다. 그러나 우리는 해결할 수 없는 감정을 억누르고, 어떻게 할 수 없는 상황을 보지 않을 뿐이다. 이런 식으로 우리는 마음속에 너무나 많은 고통을 품고 있다. 또한 우리는 자신에게 고통을 준 대상을 공격하고 복수하기 위한 기회를 노리면서 자신의 본심을 숨기는 벽을 더 높이 쌓는다. 즉 일부러 자신이 치유되지 않도록 위선이라는 벽 뒤에 병든 영혼을 가두어 둔다.

최근 건강을 중요시하는 문화가 번지면서 사람들은 육체의 건강을 위해 많은 돈을 쓰지만, 정작 병든 영혼은 내버려 둔다. 그러다가 어느 날 권력, 부, 성공이 삶의 목적인 사회에서 질 수밖에 없다는 것을 알면서도 이기는 것에만 지나치게 몰두하는 자신을 발견한다. 우리는 매일 더 빠르게 달리지만 그만큼 더 성취하진 못한다. 그러나 심각한 사실은 경쟁에서 패배하고 만신창이가 된 자신을 거부한다는 것이다. 심지어는 이기더라도 고독을 느낀다. 그러다 고통의 한가운데에 주저

앉아서 삶을 포기하기도 한다. 가족과 친구를 잃고, 힘을 잃고, 희망을 잃는다. 당연한 것으로 여겼던 미래까지 잃는다. 그리고 상처가 가득한 쓰라린 영혼과 멍든 마음으로 고통당하는 인생의 차가운 면을 다시 마주한다. 일은 실패하고, 관계는 끝났다. 여전히 시간은 흐르지만, 미래는 어둡다. 구부러지고 찌그러져 원래 모습을 알 수 없는 인생을 다시 펴려고 노력하기보다는 그냥 포기하고 싶은 지경에 이른다.

왜 우리는 원하는 것을 얻어도 가슴속에 고통을 품고 있을까? 우리는 괜찮지 않은데도 "난 괜찮아." 하고 말한다. 아픔으로 너무 괴로워도 "아무 문제없어." 하고 말한다. 기대했던 일이 완전히 무너져 삶의 의지가 꺾였는데도 "인생은 원래 그런 거야."라고 말한다. 상처가 기쁨을 쫓아 버리고 마음과 생각을 쥐고 흔드는데도 "그냥 잊자." 하고 말한다.

자신의 상처를 돌보지 않으면 다른 사람의 상처를 돌볼 수 없다. 자신의 치유를 거부하면 다른 사람을 치유해 줄 수 없다. 상처는 인간의 영혼을 마비시킨다. 그래서 우리가 우리 자신을 혹사시키고 주위를 차단하여 피해망상에 걸리게 만든다. 결국 우리의 마음은 차갑게 식고, 딱딱하게 굳는다.

분명한 치유의 과정

그러나 분명 치유될 때는 있다. 그렇다면 어떻게 치유될 수 있을까? 치유되기 위해서는 우리가 어떤 상황에 있더라도 지금의 상황에서 벗어나겠다는 다짐을 해야 한다. 치유는 상처받는 것을 거부하는 과정이다. 치유는 우리에게 상처를 준 사람에게 손을 내밀 때 시작되는 것이 아니라 우리에게 새로운 삶과 희망 그리고 기쁨을 주는 일에 손을 뻗을 때 시작된다.

성경에 나오는 '착한 사마리아인의 비유'는 한 사람의 치유에 관한 이야기가 아니라 두 사람의 치유에 관한 이야기다. 두 사람 모두 학대의 상처가 있다. 한 사람은 몸을 구타당했고 또 한 사람은 영혼을 구타당했다. 한 사람은 사람들의 잔인함에 의해 상처를 입었고, 다른 한 사람은 비뚤어지고 편협한 관념에 의해 상처를 입었다. 추방당한 사마리아인은 사회에서 상처받고 무시당했다. 사회의 핵심 부류이자 종교인인 레위인들은 사회적 인정을 받지 못한 사람들의 상처를 무시했다. 오히려 그들을 편협하게 대하라고 교육받았다. 폭력을 휘두르는 것은 두려움을 가르치고, 편협한 관념으로 영혼을 억압하는 것은 증오를 가르친다. 상황이 어떻든 결과는 고통이다. 이제 이 두 사람을 어떻게 치유할 수 있을까?

증오나 무시에 의해 상처를 받는 것이 어떤 것인지, 곤경에 빠졌을 때 분명 도움을 줄 것이라고 기대했던 사람들이 그냥 지나쳐 버릴 때의 심정이 어떤 것인지는 누구나 안다. 또 비웃음과 배척을 받고, 시기, 오해의 대상이 되는 것, 다른 사람의 계획과 야망에 이용당하는 것이 얼마나 절망적인 일인지도 누구나 안다. 산산이 부서진 마음이 어떻게 다시 회복될 수 있을까?

치유를 막는 두 가지 장애물이 있다. 첫째는 고통에 대한 집착이다. 고통을 붙들고 있으면 치유될 수 없다. 스스로가 치유받길 원해야 한다. 우리가 느끼는 억울함을 버려야 한다. 자신의 결백함이 입증되기 전이어도, 그 고통을 뛰어넘어 스스로 느끼는 억울함에서 벗어나야 한다. 치유는 낫기를 원하는 우리의 마음에 달렸다. 큰 상처는 쉽게 잊히지 않는다. 그러나 그 상처를 손에 쥐고 살면 안 된다. 그것은 자신을 스스로 고통 속에 감금하는 것이기 때문이다. 배신, 부정, 조롱 등 어떤 부당한 경험을 했든, 우리가 어디에서 상처를 받았든, 인생에는 그 모든 것을 뛰어넘는 것이 있다. 결국 치유의 첫 번째 단계는 장애물을 없애 버리고 새로운 기쁨을 찾는 것이다. 이제는 인생을 한탄하는 대신 새로운 인생을 얻어야 할 때다. 두들겨 맞는 일이 끝났을 때에는 일어나서 다른 방향으로 단호하게 계속 가는 수밖에 없다.

치유의 두 번째 단계는 새로운 인생관을 찾는 것이다. 안정, 사랑, 믿음 등 이전의 인생관에서 벗어나, 이제는 새롭게 찾아야 한다. 우리의 희망이 다시 새롭게 도전하도록 해야 한다. 그 희망이 새로움 속에서 강해지고 완성되어 가는 것을 봐야 한다.

치유의 세 번째 단계는 우리가 누구도, 어떤 것도 신뢰할 수 없다고 생각할 때, 우리 자신을 타인에게 의탁하는 것이다. 우리가 적의 정체를 확실히 알지 못할 때는 신뢰하는 사람의 시선이 필요하다. 몸의 일부분만 치유하고 끝내는 것은 거짓 치유이며 제대로 된 치유가 아니다. 상처받은 사람이 마음의 장애물을 뛰어넘어, 타인 안에서 자신에 대한 수용과 이해를 발견하며 누군가에게 받아들여지기를 희망할 때, 치유가 시작된다.

또한 스스로 반복해서 자신의 상처를 꺼내 놓음으로써 상처에 둔감해질 때 치유가 이뤄진다. 이를 위해서는 사마리아인, 즉 치유자가 필요하다. 이때 치유자는 상처받고 우는 이를 자신의 품에 안음으로써 자신의 삶을 초월하여 혼자서는 알지 못했을 삶의 새로운 의미를 깨닫는다. 상처받은 이들에게 필요한 것은 상처를 없애는 것이 아니라 굳어진 영혼의 이야기를 들어 주고 이해해 주는 사마리아인이다. 이 땅의 모든 영혼들은 이해받기를 원한다.

치유의 마지막 단계는 치유될 때를 기다리는 것이다. 치유될 때가 있다는 것은, 때가 차기 전에 치유가 완성되지 않음을 의미하기도 한다. 치유에는 시간이 필요하다는 것을 깨달을 때, 우리는 평화를 느낄 수 있다. 그리고 그때에 치유자가 새로운 삶과 거기에서 얻게 될 지혜를 가지고 천천히 다가옴을 알게 된다.

치유, 새로운 삶으로의 초대

치유의 영적 효과는 치유자에게도 분명하게 나타난다. 보통 많은 사람들이 치유를 도와주는 일을 자원봉사라고 생각한다. 그들은 치유 과정에서 치유자가 얻게 되는 영적 선물을 간과하는 것이다. 그러나 타인의 치유를 도움으로써 치유자는 새로운 차원의 연민을 갖게 된다. 또한 자신의 가치를 새롭게 느끼게 된다. 다른 사람들의 상처를 싸매 주는 사람은 인생의 새로운 의미를 발견하고, 나아가 또 다른 사람들을 향한 새로운 사랑을 품게 된다. 상처받은 영혼을 어루만져 새로운 자신감과 희망을 갖게 함으로써 마음에 사랑과 연민이 샘솟는다.

그러나 무엇보다 중요한 것은 치유되는 과정에서 얻는 영적인 힘이다. 하지만 우리는 상처를 회피하고, 그것을 못 본 척하고, 마주하기 싫어한다. 그로 인해 치유될 때의 가치를 제대로 깨닫지 못한다. 아일랜드의 소설가 오스카 와일드는 "슬픔이 있는 곳에 거룩한 땅이 있다."라고 말했다. 치유 과정에서 우리는 인생을 새롭게 이해한다. 살아남았다는 것은 패기의 상징이고, 넘어섰다는 것은 큰 업적이다. 승리했다는 것은 빛나는 새로운 삶의 시작이다.

사마리아인은 다른 사람의 고통에 손을 내밀고 그것을 어루만짐으로써 자기 삶의 새로운 의미를 발견했다. 상처를 받았던 사람은 인생을 헛되이 흘려보내지 않고 고통의 길에서 벗어나 새로운 길을 찾았다. 어떤 함정에 빠졌든, 어떤 강도를 만났든 간에 살려고 마음먹은 사람에게는 더 나은 삶이 기다린다. 영국의 수필가 찰스 램은 "고통은 삶이다. 고통이 매서울수록 그것이 삶이라는 증거가 더 확실해진다."라고 말했다. 우리가 살면서 배우는 고통은 더 깊은 인생으로 들어가는, 새로운 삶으로의 초대다.

뿌릴 때

"지금 승리하더라도 언젠가 반드시 실패하는 길보다,
지금 실패하더라도 언젠가 반드시 승리하는 길을 택하겠다."

기다리기만 하면 오지 않는 변화

독일의 철학자 아르투어 쇼펜하우어는 "변화만이 영원하고 계속되며 불멸하는 것이다."라고 말했다. 컴퓨터 기술과 글로벌 통신의 발달로 빠르게 변하는 현대 세계에서, 변화는 이 시대의 슬로건이 되었다. 변화는 날마다 새롭게 이전보다 더 발전된 것에 몰두하게 만든다. 사람들은 더 이상 평생 쓸 가구를 고르지 않는다. 그때그때의 필요에 따라 가구를 구매하거나 기존의 가구를 리폼한다. 아니면 재판매할 때 가치가 떨어지지 않을 가구를 산다.

변화가 계속될 것이라는 판단은 미래에 대한 생각에 영향을 끼친다. 그래서 우리는 경험에서 경험으로, 장소에서 장소로, 생각에서 생각으로, 개념에서 개념으로, 혁명에서 혁명으로 빠르게 옮겨 간다. 예전에 우리 문화는 균형과 안정을 유지하려 했지만 지금은 변화를 당연한 것으로 여긴다. 사실 우리도 그것을 너무도 당연하게 여긴다.

변화는 주어지는 것이 아니라 바람이 불듯 앞선 것에 뒤이어 온다. 그러나 때가 되어 일어나는 것도, 그냥 일어나는 것도 아니다. 우리는 변화에 대해 책임지고 싶지 않을 때, "참을성 있게 충분히 오래 기다리면, 그것은 오게 되어 있다."라고 말한다. 그러나 변화는 그냥 오는 것이 아니라 어떻게든 우리가 가져오는 것이다. 결국 변화는 간절한 상황들이 끊임없이 축적되어 일정 수준에 도달했을 때 얻을 수 있다.

많은 사람들이 자신의 노예 생활이 끝나기를 원했지만 그렇게 되지 않았다. 그러나 자유를 죽도록 갈망한 사상가들은 노예 생활을 끝냈다. 그들은 군주제의 몰락으로 자유가 보장되길 기다리지 않고, 자신들의 삶과 인간 제도를 탐구하면서 다른 체제를 가능하게 만든 씨를 뿌렸다.

인종 차별 폐지는 그냥 이루어지지 않았다. 마틴 루서 킹이 평등을 얻기 위해 수천 명의 사람들과 함께 도심을 행진했기에 가능했다. 여성의 참정권을 얻기 위해 많은 여성들이 시위를 하다가 감옥에 가야 했다. 베트남 전쟁도 그냥 끝나지 않았다. 전쟁을 멈추기 위해 젊은이들이 조국을 떠나거나 떼를 지어 거리로 나왔다. 베를린 장벽도 그냥 무너지지 않았다. 독일 국민들이 스스로 무너뜨렸다. 이러한 속담이 있다. "시간은 아무것도 변화시키지 못한다. 오직 사람이 변화시킨다."

매 맞는 여성들과 가난한 어린이들이 고통에서 벗어나고 기회로 가득 찬 삶을 살게 될 때를 기대하며 가만히 기다린다고 해서 그런 때가 저절로 오지 않는다. 멸시와 조롱을 받아가며 평등과 자유를 위해 앞장선 이들 덕분에 사회가 변화되었다. 평화는 전쟁을 통해 이루어지지 않는다. 평화는 스스로가 인간의 야만성에 휘둘렸다는 쓰라린 사실을 깊이 반성할 때 찾아온다. 우리는 평화를 위해 행진하고 외침으로써 사람들의 얼어붙은 영혼 속에 양심의 불을 피울 수 있다.

완벽한 직업과 화목한 가정, 공정한 사회, 균형 잡힌 삶, 새로워진 교회를 원한다고 해서 풍족한 생활과 새로운 세계, 개혁, 천국 같은 삶이 보장되지 않는다. 환경뿐만 아니라 영혼을 바꾸는 진정한 변화는 즉시 이루어지지 않는다. 그것은 느리고 힘들고 고통스럽다. 오히려 대가와 고통스러운 헌신을 요구한다.

씨 뿌리는 사람

코헬렛은 준비 과정에 헌신하는 것에 관해 매우 분명하게 말했다. 곧 인생은 변화에 관한 것이 아니라 씨를 뿌리는 것임을 강조한 것이다. 거기에는 노력과 투쟁 그리고 보상이 따른다. 각 세대의 역할은 변화를 요구하는 것이 아니라 변화를 준비하는 것이다. 즉 다음 세대를 위해 변화가 가능하게 하며 미래를 더 나은 세상으로 만들 씨를 뿌리는 것이다. 신학자 루벰 알베스는 이렇게 말했다. "오늘을 심자. 오늘을 심는 사람들이 그 열매를 결코 먹지 못할지라도, 그들은 보이지 않는 미래에 대한 사랑으로 살아야 한다. …… 이러한 사랑은 예언자, 혁명가, 성인이 꿈꾸는 미래를 위해 목숨을 바칠 수 있는 용기를 주었다. 그들은 자신의 삶을 가장 귀한 희망의 씨앗으로 만들었다." 우리는 오늘의 불가능함 앞에서도 내일의 기적이 일어날 것처럼 행동해야 한다. 이는 씨를 뿌리는 데 있어 가장 중요한 마음가짐이다.

희망이 없고 반대가 강할 때에도 노력이 필요하다. 중동에는 이런 격언이 있다. "매일 아침, 나는 바람이 불어오는 쪽을 향해 서서 씨를 뿌린다. 씨를 뿌리는 것은 어렵지 않다. 그러나 정면을 향해 서서 바람을 맞는 것은 용기가 필요하다." 반대에 맞서 꿋꿋하게 서 있을 수 있는 능력은 씨 뿌리는 사람의 진정한 카리스마다. 자신을 사기꾼이라고 부르는 사람들 앞에서도 진실을 말하는 자세는 씨 뿌리는 사람의 미덕이다. 척박한 땅과 돌밭과 가시밭에 즐겨 씨를 뿌리는 것은 씨 뿌리는 사람의 예언가적 임무다.

많은 부모가 자녀를 양육하기 위해 오랫동안 헌신한다. 자녀들이 부모에게 자주 다가오지 않는다고 해도 헌신은 계속되었다. 이들은 오랫동안 자녀들을 위해 살면서 그들에게 도움을 주는 사람, 의지할 수 있는 사람으로 살았다. 이처럼 세상에는 눈에 보이지 않는 것들을 위해 계속해서 헌신하는 사람들이 필요하다. 이제는 우리가 그리는 미래를 위한 일을 시작해야 한다. 그리고 그것이 바로 씨를 뿌리는 것이다.

그러나 씨를 뿌리는 것은 지루한 일이며, 성공해야 한다는 압박감에 끊임없이 시달려야 한다. 노예 제도를 없애는 데 수천 년이 걸렸다. 이른바 자유의 땅이라는 미국에서도 수백 년

동안 노예 제도가 있었다. 그 당시 미국인은 자신들 앞에 있는 사람이 인간임을 볼 수 없었고 보려고도 하지 않았다. 정부는 노예 제도를 법으로 정했고, 기업은 그것에 의존했다. 교회는 그것을 신학적으로 다루었다. 세대에 세대를 걸쳐 정부에 충성하고, 사업에 성공하고, 교회에 헌신하기를 원했던 사람들에게 씨 뿌리는 사람의 용기가 손톱만큼이라도 있었다면, 그들은 자신의 영혼에 새로운 질문을 던지며 세상에 씨를 뿌리는 사람이 되었을 것이다. 그러나 그들은 노예 제도를 계속 유지하며 죄를 지었다.

아직도 상황이 많이 변하지는 않았다. 우리는 이제야 핵무기의 도덕성과 불가피성을 의심하기 시작했다. 여성의 진정한 평등은 아직까지도 많은 곳에서 받아들여지지 않고 있다. 여전히 세상에는 씨 뿌리는 사람이 필요하다.

외롭고 고독한 과정

그러나 씨를 뿌리는 데에는 큰 어려움이 있다. 씨를 뿌리는 것은 오랜 시간이 걸리며, 영혼의 에너지를 요구한다. 씨 뿌리는 사람들은 결코 그 결과를 볼 것을 기대해서는 안 된다.

결과는 추수할 다음 세대에게 남겨 놓아야 한다. 지금은 거친 땅에 작은 씨들을 뿌리며 어떻게 자랄지 지켜보는 길고 지루한 일만이 있다. 그 과정은 길고 공허하다. 어떠한 즐거움이나 재미도 없다.

이러한 지루함은 씨를 뿌리려는 사람을 지치게 만든다. 적대적인 사람들과 회의적인 친구들, 무례한 이웃들, 보수적인 신자들, 상심한 가족들에게 자신이 실현하고자 하는 생각을 계속해서 말하는 것은 무척 힘겨운 일이다. "다 소용없어. 그냥 먹고 마시고 즐겨." 주변 사람들의 이런 생활 방식은 메마른 땅에 씨를 뿌리는 것이 사명인 사람들에게 너무 쉽게 다가오는 유혹이다.

씨 뿌리는 사람에게는 끈질긴 인내심의 영성이 있다. 그는 지금은 없는 것을 추구한다. 다른 사람들은 그것이 없다는 사실조차 모른다. 사람들은 듣기는 하나 믿지 않으며, 아예 듣지 않기도 한다. 듣고 비웃는 사람들도 있다. 반박하는 사람들도 있다. 지루해하거나 사리에 맞지 않는 주장을 하는 사람들도 있다. 이런 사람들을 한 명씩 설득하면서 세상을 변화시키는 일은 너무나 고통스럽다. 누구도 가 보지 못한 산을 혼자서 오르는 사람에게는 큰 용기가 필요하다.

아직 오지도 않고, 만들어지지도 않은 미래를 위해 한 단계 더 높은 도덕적 차원의 씨를 뿌리는 일은 쉽지 않다. 이는 성공을 바라는 사람들이 할 수 없는 일이다. 씨를 뿌리는 것은 양심이 있는 사람들, 지금보다 더 바람직하다고 생각하는, 더 높은 차원의 삶을 살려고 하는 사람들이 하는 일이다.

씨 뿌리는 사람들은 '때가 되었을 때'가 있다는 것을 믿는다. 바오로 사도는 "때가 차면 하늘과 땅에 있는 만물을 그리스도 안에서 그분을 머리로 하여 한데 모으는 계획"(에페 1,10)이 있다고 말했다. 그 '때'라는 것은 모든 것 즉 양심과 필요, 가능성, 카리스마가 모두 합하여 완벽한 순간이 되었을 때를 말한다. 좋은 땅에, 밭이 갈아져 있고, 물이 풍부하고, 씨 뿌리고 키우는 과정이 올바를 때를 말한다. 문제는 씨 뿌리는 사람이 그때가 언제일지 확실하고 정확하게 알 수 있는 방법이 없다는 것이다.

흰멧새가 물었다.

"가지가 부러지려면 얼마나 많은 눈송이가 필요할까?"

먹구름이 대답했다.

"그거야 아무도 모르지. 내 임무는 그저 눈을 충분히 뿌리는 것이니까."

그러자 흰멧새가 슬프게 말했다.

"아, 그렇구나. 그렇다면 평화를 가져오기 위해 얼마나 많은 목소리가 필요한지 아무도 모르겠구나……."

씨 뿌리는 사람의 역할은, 씨가 언제 뿌리를 내릴지 모른 채 때가 될 때까지 계속 일을 하는 것이다. 씨 뿌리는 사람은, 씨 뿌리는 일이 부질없어 보일 때에도 씨를 뿌린다. 준비가 부족해 보여 오히려 하지 않는 것이 더 나은 듯할 때에도 씨를 뿌린다.

씨 뿌리는 일은 분명 느리고 고된 과정이다. 이 과정에서 가능성을 기대했던 사람들의 마음이 굳어지고 정신이 무너질 수도 있다. 즉시 결과를 보기 원하는 문화에서 씨를 뿌리는 것은 참으로 어려운 수양이다.

지금 실패해도 언젠가 반드시 승리할 길

씨 뿌리는 것은 그 자체로도 영적 열매를 맺게 한다. 믿음이 씨 뿌리는 사람의 마음에서 불꽃처럼 튄다. 그는 보이지 않고 결코 오지 않을 수도 있는 빛을 꿈꾸며 살지만, 단념하지는 않는다. 씨 뿌리는 사람은 하느님이 우리가 더 나아지기를 원한다는 것을 확신하고, 확인되진 않지만 바람직하다고 믿는 일에 고집스럽게 헌신하며 인생을 헤쳐 나간다.

씨 뿌리는 사람은 버리는 법을 알아야 한다. 위기의 시대는 우리의 모든 에너지를 완성되지 않은 내일에 쏟을 것을 요구한다. 인간의 마음속에 생각과 질문과 가능성을 심는 것은, 불모지에 씨를 뿌리는 것처럼 엄청난 손해를 각오해야 하는 외로운 도덕적 의무다. 사실 씨 뿌리는 사람은 자신의 삶이 얼마나 가치 있는지 모를 수도 있다. 탈무드는 이렇게 가르친다. "자신이 하는 일에 대해 충분히 숙고하지 않는 사람은, 그 결과를 보려고 조급해한다."

믿음과 버리기는 씨 뿌리는 사람의 특징이다. 그러나 그들에게는 훨씬 더 심오한 특징이 있다. 씨 뿌리는 사람은, 현재에 만족하고 누군가의 미래에 신경을 쓰지 않는 사람과 세상을 이해하지 못하는 사람들이 모르는 신념과 목적을 가지고 있다. 이들에게는 집중하는 자세가 필요하다. 무시받으면서도 홀로 미래를 위한 준비를 하기 위해 인생의 모든 것을 바칠 만큼 무언가가 이루어지기를 몹시 원해야 하기 때문이다.

냉철한 확신은 씨 뿌리는 사람의 영혼이 정화되는 과정을 진행해 나가는 원동력이 된다. 그래서 목표에 대한 확신이 장애물보다 더 강력하다. 그들에게는 꾸준함이 있다. 목표와 신념을 향해 꾸준히 달린다. 영국의 소설가 윌리엄 윌키 콜린스는 이렇게 말했다. "지금 승리하더라도 언젠가 반드시 실패하는 길보다, 지금 실패하더라도 언젠가 반드시 승리하는 길을 택하겠다."

씨 뿌리는 사람의 영적인 삶은 좌절과 실패로 인해 힘들 수 있으나, 그럼에도 흔들리지 않는 희망과 확실함이 있다. 씨 뿌리는 사람은 많은 사람들이 노예 제도나 남녀 불평등을 보고 사회적 문제를 인식하기 전부터 평등한 사회를 꿈꾸었다. 그들은 마음속에 그린 미래를 위해 한눈팔지 않고 나아간다. 그들은 실패에 실패를 거듭하지만 또다시 노력한다.

씨 뿌리는 사람은 하느님과 동행하며, 모든 사람들에게 좋지 않은 것은 하느님의 뜻이 아님을 안다. 그들은 인간이 본질적으로 약한 존재임을 깊이 자각하지만, 하느님이 원하시는 것이면 그것이 어려워 보여도 인간이 할 수 있음을 믿고 신성한 꿈을 이루기 위해 헌신한다.

 지금은 씨를 뿌려야 할 때다. 미래가 어떻게 되든 바로 지금 씨를 뿌려야 할 때다. 그러나 거둘 때까지 오랜 시간이 걸릴 것이다.

죽을 때

*"어떤 이들은 죽음을 너무 두려워하여
삶을 시작하지도 않는다."*

삶의 가치에 대한 물음

"삶의 이유가 될 만큼 가치 있는 것은 무엇인가?" 이것은 참으로 무거운 질문이지만 인생의 마지막 순간까지 가치 있는, 몇 안 되는 질문 중에 하나다. 그러나 인생에 관한 더 본질적인 질문을 하자면 이렇다. "목숨을 내놓을 만큼의 가치를 추구하지 않는 인생이 무슨 의미가 있는가?" 신학자 알란 보에삭은 남아프리카에서 인종 차별에 반대해 격렬한 투쟁을 벌이는 중에 이런 글을 썼다. "우리가 하느님 앞에 가서 심판을 받을 때 하느님께서 물으실 것이다. '너의 상처는 어디에 있느냐? 너는 네 목숨을 내놓을 만큼 소중한 것이 하나도 없었느냐?'" 쿠바의 시인 호세 마르티는 이렇게 표현했다. "피눈물을 흘리는 사람이 있는데, 내가 눈물을 흘릴 자격이 있을까?" 삶은 안전하게 살아가기 위해 지키는 것일까? 아니면 보통 사람보다 더 잘 살기 위해 무모하게 도전하는 것일까? 진정 목숨을 내놓을 만큼 가치가 있는 것은 무엇일까?

삶의 가치를 묻는 질문에 대한 답 중에는 무가치한 것들이 너무도 많다. 어떤 이에게는 국가에 대한 맹신이, 어떤 이에게는 교황에 대한 충성이, 어떤 이에게는 가문의 명예였다. 또 어떤 이에게는 베트남 전쟁이, 어떤 이에게는 수많은 독재자와 정치 체제, 권력을 위한 투쟁이었다. 덧없는 이 모든 것들은 기억되지 않거나 오래전에 사라졌다. 그것은 모두 인간의 비참한 실수였으며, 또 다른 영웅에 의해, 또 다른 독재자에 의해 대체되었다. 결국 역사적인 관점에서 볼 때 이러한 것들은 우리에게 혼란을 준다. 코헬렛은 이런 헛된 것들에 관해 이야기하지 않았다. 코헬렛은 죽음에 관해 질문하고 생각하게 한다. 그리고 목숨을 내놓을 만큼 가치 있는 것은 무엇이며, 자기 안에 죽여야 할 것은 무엇인지 생각하게 한다.

현재를 위한 유지와 미래를 위한 죽음

시인 오드리 로드는 그녀의 시 〈힘 power〉에서 이렇게 표현했다. "시와 웅변의 차이는 자신의 아이들 대신에 자기 자신을 희생할 준비가 되어 있느냐 있지 않느냐의 차이다." 이것은 매우 날카롭고 신랄한 말로, 영혼의 무게를 가늠하게 한다. 웅변은 사회를 정의한다. 반면에 시는 견디기 힘든 세상 너머를 상상하게 한다. 웅변은 큰 의미 없는 현재에 힘을 실어 주고 그것이 유지되기를 간절히 바란다. 반면에 시는 미래에 힘을 실어 주기를 간절히 바란다. 따라서 사회의 웅변가가 되는 것은, 현재 사회의 질병을 다음 세대까지 물려주어 그 질병 때문에 다음 세대가 죽게 만드는 것임을 의미한다. 성차별을 묵인하는 것, 핵무기 보유를 방치하는 것은, 우리의 아이들에게 불평등하고 안전하지 않은 사회를 물려주는 것이다. 우리 자신의 삶을 기꺼이 내어 주기 위해 사회의 시인이 되는 것은, 다른 사람들이 더 풍성한 삶을 살 수 있게 하는 수많은 영광스러운 죽음에 합류하는 것이다.

오드리 로드는 웅변은 사회 구조를 유지하기 위해 얼마나 많은 죽음이 필요하든지 간에 그 구조를 미화하려는 목적으로 이용되고 남용된다고 말했다. 웅변은 우리의 비뚤어진 욕망을 만족시키기 위해 아이들을 희생시킨다. "젊은이들이 노인들의 전쟁을 한다."라는 속담처럼 말이다. 반면 영혼의 시는 현재의 정치적 혜택이나 국가의 명령보다 훨씬 더 어려운 것을 요구한다. 즉 우리의 꿈인 아이들을 다른 무엇보다 더 잘 보살필 것을 요구한다. 아이들은 우리의 미래를 지고 있다. 시는 인간의 정신을 살찌우고 다가오는 세대를 자유롭게 한다. 시는 다른 사람들이 살 수 있도록 우리가 자신을 바라보고 스스로를 낮추게 만든다.

결국 웅변은 뒤틀린 현재가 유지되기를 간절히 원하고, 시는 다른 사람들을 위한 더 인간적인 미래를 위해 죽는다.

작은 죽음

오늘을 살려고 하지 않고, 자신을 비우고 스스로를 희생할 때 내일의 승리를 거둘 수 있다. 우리 이후의 세대는 우리가 사회적 비판과 개인적 위험을 감수한 덕분에 지혜의 빛 속에서 살게 될 것이다. 우리 자신이 죽어야 사회와 교회 그리고 주변의 소외된 이들과 오랫동안 불평등한 대우를 받았던 이들이 다시 살아나는 사회, 모두가 함께 사는 사회를 제시할 수 있다.

미국의 작가 헨리 반 다이크는 이에 관해 매우 명확하게 말했다. "어떤 이들은 죽음을 너무 두려워하여 삶을 시작하지도 않는다." 우리가 삶을 누릴 만한 자격이 있다고 생각할 때, 어떤 대가를 치르더라도 삶을 잃지 않기 위해 저항할 정도로 삶에 홀려 있다는 점에서 우리는 딜레마를 겪는다. 우리는 잃는 것이 너무 두려워 죽음을 미루는 일을 '생명'이라고 부른다. 그리고 인간에게 가장 귀중한 자원인 죽음을 그저 숭배하는 데 낭비하고서는 그것을 '방어'라고 부른다. 윤리를 이 사회에서 없애 버리고선 '비즈니스'라고 부른다. 인류 절반의 발전을 억누르고선 그런 억압을 '여성의 역할'이라고 부른다. 우리는 자신에게서 없애야 할 것을 다른 사람에게 못 박는다. 우리는 인종 차별과 성차별, 군국주의의 기반 위에서 번성했으면서 한마디도 하지 않는다. 그 이유는 우리 안에 있는 폐해를 찾아내지 않고, 독소를 드러내지 않으며, 더 나은 무언가가 우리 안에서 자라나지 못하도록 막기 때문이다. 그리스의 철학자 소크라테스는 "시험받지 않는 인생은 살 가치가 없다."라고 말했다. 그러나 소크라테스는 잘못 말했다. 시험받지 않는 인생은 삶이 아니다.

우리는 권력 앞에서 몸을 숙여 굽실거리고 허물어지면서 마음속에 있는 어둠을 깨닫지 못한다. 그러고는 사회 구조의 독성이 묻은 열매를 먹는다. 그 안에서 나오지 못해 허우적대면서 우리 안에 있는 그 질병을 질병이라 부르지 않는다. 지금껏 알았던 세상의 모든 종류의 악을 참고 그것을 '선'이라고 부른다. 성 소수자들을 맹비난하는 것을 '언어의 자유'라고 부르고, 여성이 약자가 되는 것을 '신의 계획'이라고 부르고, 인종 차별을 '자연의 법칙'이라고 부른다. 그리고 국가의 핵 무장화를 '애국정신'이라고 부른다. 사회 구조를 유지시키기 위한 공작을 보고도 누구를 위한 거냐고 묻지 않는다. 우리는 새로운 세계가 펼쳐질 수 있도록 낡은 관념을 버리는 일을 하지 않는다.

우리 스스로가 세상을 시인과 예언자의 정신보다 정치가의 마음이 판치는 곳으로 만든다. 승진을 약속하는 사회 구조에 영혼을 판 채 부조리한 작은 세상 속에 갇혀 산다. 중상모략을 듣고 그 상스러운 대화를 피하기보다 그것이 우리의 마음을 죽이게 놔둔다. 우리는 서로의 등을 밟고 위로 올라가려고 애쓴다. 여성들은 자신들이 남성에게 억압을 받아서는 안 된다고 주장하지만, 성차별로부터 영향을 받은 자신의 사고방식은 고치지 않는다. 우리는 국가나 이념에 대해 도덕성을 숙고하기보다는 단순히 오래되었다는 이유로 이를 신성시한다.

그러나 코헬렛은 죽을 때가 있다고 말한다. 코헬렛이 말한 진정한 죽음은 작은 죽음들에 의해 준비된다. 사실 우리는 작은 죽음을 각오하기 전까지 다시 살아날 수 없다. 살아 있기는 하나, 자신 안에 있는 비인간적인 것을 직시할 때까지 온전한 인간일 수 없다. 우리는 우리가 주위에 있는 죽음의 일부임을 인정할 때까지 새로운 생명을 얻을 수 없다. 낡은 생각과 말라 버린 목적에 덧씌운 가면을 벗겨 태울 때까지 새로운 삶을 살 수 없다. 작은 죽음은 삶에서 매우 중요하다.

만약 옳은 것을 위해 살고 그것을 위해 죽으려면 질문하는 법을 배워야 한다. 누가 고통받는 이의 편에 있는가? 누가 사회 구조 때문에 고문하는가? 누가 현장에서 도망치는가? 사람이 죽는 이유는 무엇인가?

우리 안에서 이루어지는 작은 죽음은 인생의 가장 어려운 과정 중 하나다. 작은 죽음이 자신에 대한 낡은 합리화와 언행 불일치에 대한 변명, 선량한 척하는 사회적 예의를 약화시키기 때문이다. 이러한 작은 죽음은 지금 우리의 모습에 이르게 한 것들을 잘라 내는 것이다. 관례적이고 사회적으로 받아들였던 것들을 우리 안에서 없애기 시작하면, 그 과정이 끝난 후에는 자신이 몰라볼 정도로 변해 있을 것이다. 우리의 작은 죽음들은 우리의 방향을 새로운 곳으로 돌리고 햇빛이 내리쬐는 해변으로 안내한다. 작은 죽음의 과정이 끝나면, 이름은 그대로지만 자신도 모르게 새로운 사람이 된다.

겹겹이 쌓인 마음의 때를 벗겨 내고, 비록 지난 모습과 달라 어색할지라도 새로운 것을 형성할 수 있는 관념을 찾으려는 사람들에게는 자유가 기다리고 있다. 새로운 세상이 시작되는 것이다. 어떠한 관념도 안전하지 않고 어떠한 규칙도 완전하지 않다. 어떠한 사회 구조도 숭배받을 수 없다. 이런 세상에서는 나병 환자들이 춤을 추고 여성들이 목소리를 높인다. 모든 것이 가능하고 죽음이 삶으로 바뀐다. 묘지는 삶을 다시 시작하려는 사람들의 낙원이 된다.

죽음의 영성은 현재의 사회 구조를 자세히 살펴보면서 언젠가는 이 구조가 심하게 흐트러질 수 있다고 말하는 사람들의 영역이다. 예수님은 "나는 율법을 폐지하러 온 것이 아니라 완성하러 왔다."(마태 5,17 참조)라고 하시며 이스라엘 백성들이 율법의 부족한 부분을 잘 볼 수 있도록 말씀하셨다. 그러나 그들은 낡은 관념을 추구하며 그분을 죽였다.

생명을 위한 죽음

돌아가신 예수님 앞에도, 죽지 않은 로마 군인들 앞에도, 죽음을 피하려 몸부림쳤던 베드로 사도 앞에도 죽을 때가 있다. 이미 끝났고, 부식되었으며, 새로운 상황에 낡은 관념을 맞추려는 파괴적인 노력을 멈출 때가 있는 것이다.

우리는 익숙하다는 이유로 낡은 관념과 낡은 사회 구조에 매달린다. 자신이 불가능하다고 한 것을 계속 불가능한 것으로 두기 위해 자신의 발전을 포기한다. 안전하고 편안한 느낌을 주는 황금 새장을 선호하지만, 사실 그곳은 감옥이며 그 안에는 새로움이란 없고 순응만이 있을 뿐이다. 이 안에서는 찬성이 매우 중요하다. 예수님은 집에만 있으면 안식일에 구덩이에 빠진 양을 절대로 꺼낼 수 없다고 말씀하신다(마태 12,9-14 참조). 또한 자신들의 영혼보다 율법을 지키기 위해 노력했던 사람들을 '회칠한 무덤'이라고 부르신 예수님은 그들의 영혼이 있는 곳을 불편해하신다. 예수님은 잘못된 지성을 용납하지 않으실 것이다.

어둠에 빛을, 세상에 생명을, 죽어 가는 사회에 맥박을 뛰게 하는 죽음의 영성이 있다. 세상은 죽음 없이 결코 메마른 무덤에서 일어나 새로운 삶의 빛으로 나아갈 수 없다. 독일의 시인 한스 작스는 이렇게 말했다. "죽음은 삶보다 더 보편적이다. 모두가 죽지만 모두가 사는 것은 아니다."

죽음의 영성은 우리 안에 있는 새로운 삶으로의 초대다. 그러나 많은 사람들이 하느님의 말씀을 곧 없어질 것으로 여기며 죽음을 열심히 피하고 있다. 그저 안타까울 뿐이다.

죽일 때

"내가 만난 적은, 바로 나 자신이다."

죄에 대한 새로운 시선

누군가 세상을 바꾸고 옛 지배 방식을 고쳐 평화로운 사회를 만드는 것에 관해 쉽게 말할 수 있다면, 그것은 하나를 제외하고 생각했기 때문이다. 바로 우리 자신을 제외한 것이다. 우습게도, 우리는 세상을 변화시키는 일에 앞장서지만 정작 우리 안에 변화가 필요하다는 것을 모른다. 자신이 도덕적으로 깨끗하다는 생각에 스스로를 보지 않기 때문이다. 그러나 우리 안에는 세상의 모든 악이 존재한다. 그 악이 무언가에 묶여 통제되어 있다면 다행이겠지만, 그래도 악이 있다는 사실에는 변함이 없다.

탐욕, 음욕, 나태, 질투와 같은 죄악은 우리가 태어난 순간부터 삶 속으로 들어와 우리를 조종할 날을 기다린다. 우리가 이러한 죄를 볼 수 있다면, 느낄 수 있다면 얼마나 좋을까? 베네딕도회《수도 규칙서》는 이것을 심장의 고동으로 생생하게 깨닫는 경험이 영성 생활에 필요한 부분이라고 가르친다. 우리의 마음속에 있는 저속하고 비열한 것 중 우리가 제어할 수 없는 것은 없다.

그러나 현실은 생각보다 만만치 않다. 삶은 단지 대세에 맞춰 살아가기 위한 고군분투의 연속이 아니다. 삶은 일련의 배움의 과정이다. 중세 교회의 신비가 노리치의 율리아나 복녀는 죄에 관한 환시를 보고 "죄도 쓸모가 있다."라고 말했다. 정확히 말하자면 죄는 인간 발전의 도구로써 필요한 부분이 있다는 뜻이다. 율리아나 복녀는 "하느님은 죄를 벌하시지 않는다. 죄가 죄를 벌한다."라고 말했다.

스스로를 아무 생각 없는 사람으로 만드는 사악함

우리는 인색, 시기, 음욕, 교만, 나태, 분노, 탐욕을 칠죄종이라고 부른다. 이 죄악들은 우리가 삶의 목표를 상실하게 하며, 무기력하게 만들고, 선에 대해 무관심하게 만들며, 내적인 갈등을 일으킨다.

인색은 우리를 움츠러들게 한다. 그로 인해 우리는 마음이 더 이상 움직이지 않을 때까지 영원할 거라고 여기는 것을 움켜잡으려고 애를 쓰며 시간을 보낸다.

시기는 우리의 삶이 풍족해도 항상 다른 사람을 부러워하면서 만족할 줄 모르게 한다. 누군가에게서 새로운 것을 보면 갑자기 우리가 가진 어떠한 것도 좋아 보이지 않는다.

음욕은 진정한 관계를 맺을 수 없게 만든다. 사람들이 친구나 연인이 아니라 물건이 되며, 외로움에 대한 일시적인 위안의 수단으로 전락한다.

교만은 다른 사람들이 주는 선물을 의식하지 못하게 만든다. 자신 안에 갇혀 다른 사람들의 관심과 능력을 통해 무엇이 우리에게 올 수 있는지 깨닫지 못한다. 그 한계 때문에 교만한 사람은 빈약한 삶을 살게 된다.

나태는 성취의 기쁨을 **빼앗아** 간다. 많은 노력과 인내가 필요한 것은 시도조차 하지 않으며, 그 결과 자신을 정화하는 실패의 고뇌나 성공의 흥분을 깨닫지 못한다.

분노는 우리의 영혼을 뒤집어 놓는다. 우리는 하느님의 정의를 받아들이면서도 그분의 목적에 맞게 세상의 질서를 바로잡지 않는다.

탐욕은 내면을 혼란과 갈망으로 가득 채운다. 다른 사람이 가진 것을 탐내느라 여념이 없어 자신이 가진 것을 즐기질 못한다. 자기가 스스로를 존중하지 않는 것이다. 있는 그대로의 자기 모습을 사랑할 줄 모르기 때문에 삶이 볼품없게 된다.

세상의 모든 죄는 우리의 마음을 파고든다. 그렇기에 우리 안의 영적인 것과 본질적인 것을 짓밟는 것을 모두 죽여야 한다. 다른 사람을 살펴보는 것은 의미가 없다. 이제는 우리 안에서 몸부림치는 죄를 무찔러야 할 때다. 그러지 않으면 누구도 어두운 세상에 불을 밝힐 수 없을 것이다. 실재하지만 매우 먼 곳에 있는 혜성처럼, 우리 안에 있는 선을 향한 힘은 우리도 죽기 전에 충만한 삶에 이를 수 있다는 희망을 갖게 해 준다.

인도의 성자라 일컬어지는 라마나 마하르쉬는 "우리의 모습이 세상의 모습이다."라고 말했다. 우리 안에 있는 것은 이 세상에도 있을 수 있다. 사실 노예 제도가 유지됐던 것은 노예를 소유한 사람들 때문이 아니다. 노예 제도가 유지됐던 것은 노예 제도가 당연하다고 생각하는 일반 대중과, 인간에게 본질적인 차이가 있다는 주장에 대해 어떠한 의문도 제기하지 않는 사람들 때문이었다. 전시가 아닌데도 막대한 군 예산이 유지되는 것은 정부에 평화를 위한 사업을 요구하지 않는 시민들 때문이다. 여성의 사회적 지위가 억압된 것은 그러한 대우를 거부하지 않고, 자신들을 묶어 놓는 사회에 동조하는 많은 여성들 때문이다. 포고 성인도 이렇게 말했다. "내가 만난 적은, 바로 나 자신이다."

코헬렛은 우리 안에 있는 사악함을 '죽일 때'라고 단도직입적으로 말한다. 이 말은 강간과 약탈, 탐욕, 지배, 거짓, 대학살 앞에서도 한마디 항의도 하지 않고, 단 한 번의 의문도 제기하지 않고, 조금의 혐오감도 보이지 않고, 나서서 막지 않는 우리의 모습을 돌아보게 한다. 이제는 스스로를 아무 생각 없는 사람으로 만드는 사악함을 잘라 버려야 할 때다.

완벽주의에 빠진 완벽할 수 없는 사람들

우리는 왜 죄에 얽매이는 것일까? 그것은 우리가 완벽주의에 빠진 채로 신앙에 접근하기 때문이다. 결국 죄로부터 배워야 함을 인정하지 않고, 죄는 죄일 뿐이라고 믿는 것이다. 완벽주의가 영성의 기반일 때 죄는 죄로서의 역할을 할 수 없으며, 실수로 받아들여질 수도 없다. 이 경우에 우리는 죄를 부인하고 그것을 미덕으로 바꾸게 된다.

우리는 제3세계의 사람들을 개발이라는 명목으로 노예처럼 부리고 적은 임금을 지불한다. 우리는 안보라는 미명하에 최첨단 기술을 이용해 전 세계를 감시한다. 우리는 우리와 같은 사람들만 뽑아서 교육하고, 고용하고, 승진시키고, 입국을 허용하면서 그것을 인종 차별이라 생각하지 않고 국익을 위한 것이라고 생각한다. 국가의 테두리에서 우리와는 다른 사람들을 모두 제외시키고 이것을 모두를 위한 큰 계획이라고 포장한다. 우리의 사회 구조를 우상화하고, 관료들을 고위 성직자로, 순진한 사람들을 희생양으로 만든다. 우리는 이렇게 죄를 짓고 있다는 것을 인정하지 않는다. 우리는 부패를 정당화하고 그것을 듣기 좋은 말로 꾸민다.

완벽을 추구하는 사람들에게는 실수를 봐줄 여유가 없다. 그들에게 완벽함이란, 글자 그대로 완벽함을 추구하는 의미가 있다. 그러나 인간답게 살려는 노력을 통해 회복하는 법을 배우는 데에는 그 의미가 해당되지 않는다. 완벽주의에 기반을 둔 사회는 결코 사과를 하지 않는다. 속죄도 후회도 하지 않는다. 그저 자신들의 완벽주의에 매달릴 뿐이다. 이미 영혼이 병든 상태인 것이다.

그러나 인간이 완벽할 수 있다는 생각은 큰 착각이다. 그러한 생각을 갖고 있으면 실수의 가치에 집중하기보다 실수를 제거하는 데 집중하게 된다. 무언가가 완벽할 수 있다면, 그것의 완벽함만 기리게 되기 때문이다. 반면에 무언가가 완벽할 수 없다면, 노력 그 자체가 목표가 된다. 소수의 사람만이 쇼팽의 〈강아지 왈츠〉를 1분 안에 연주한다. 그러나 그 곡을 연주하기 위해 노력하는 많은 사람들도 연습할수록 점점 더 행복감을 느낄 수 있다.

죄는 세상의 끝이 아니다. 죄는 다른 방법으로는 얻기 힘든 수많은 일의 시작점이 되기도 한다. 우리는 인색함을 멀리하다 보면 가난함의 자유를 알게 된다. 음욕과 싸우다 보면 결국 진정한 사랑이 무엇인지 알게 된다. 강한 분노에 현명하게 대처하다 보면 온유함의 아름다움을 배우게 된다. 다시 말해서 우리는 죄에서 연민, 이해, 겸손, 사랑 등을 배운다. 우리가 죄를 통해 무언가를 배우고 깨닫지 못하면, 이러한 자질을 얻기 어렵다.

죄는 나약해서 어리석은 일을 저지르고 고통을 당하는 사람들과 함께 아파할 수 있게 해 준다. 우리도 우리 자신의 어리석음으로 아픈 경험이 있기 때문이다. 우리가 자신의 죄를 인정할 수 있다면, 우리 안의 죄를 마주할 수 있다면, 자신의 죄로 인해 괴로워하는 사람들의 친구가 될 수 있을 것이다. 죄는 범죄자들을 이해하고 공정하게 다룰 수 있게 하며, 그들의 분노와 살기를 안아 주도록 한다.

결국 죄는 우리가 겸손하고 스스로를 자각하게 한다. 이것은 죄의 가장 좋은 결과다. 겸손은 우리를 인간으로 만들고 인간의 세속적인 실상을 확실히 깨닫게 하며, 아울러 인간에게 높고 낮음이 없음을 일깨운다. 또한 우리 중 그 누구도 다른 사람을 복종시킬 권한이 없으며, 그 누구도 다른 사람을 평가할 수 있을 만큼 선하지 않다는 것을 알게 한다.

스스로의 불완전함을 받아들이지 못하면 결코 발전할 수 없다. 우리가 지금 어디에 있든지, 우리 앞에는 항상 끝이 보이지 않는 깊은 수렁이 놓여 있다. 우리는 언제든 여기에 떨어질 수 있고, 자신을 돌아보게 하는 고통스러운 도전에 직면

할 수 있다. 겸손은 우리가 이러한 과정 중에 있음을 상기시킨다. 그리고 이 과정을 겪는 것이 인간다우며, 살아 숨 쉬는 것이고, 알찬 삶이라는 걸 깨닫게 한다. "중요한 것은 우리가 있는 곳이 아니라 우리가 가고 있는 곳이다."라는 속담이 있다. 겸손은 새로운 시작의 기초며 죄는 그것의 씨앗이다.

완벽한 사람을 상상해 보자. 아마도 정말 따분할 것이다. 위대한 성인은 우리에게 따분함을 보여 주지 않았다. 그들이 겪은 죄와 유혹, 결점과 실패는 절망의 이유가 아니라 삶의 본질이고 우리에게 깊이를 주는 계기임을 가르쳐 준다. 결국 우리 안에서 죽여야 하는 것은, 우리 안에 죽일 것이 아무것도 없다는 교만한 생각이다.

겸손할 때 깨달음도 온다. 우리의 영혼에 낮게 깔려 있는 것을 이해할 때, 우리 주위의 거센 파도도 볼 수 있다. 냉혹한 비즈니스 속에 있는 순수한 열정과 완고한 종교 안에 있는 숭고함을 찾을 수 있는 것처럼, 우리는 주위 사람들의 착한 마음을 끌어올릴 수 있다. 또한 스스로의 모습을 찾기 위해 노력했지만, 자신에게 실망하여 괴로워하는 사람들을 부드럽게 안아 줄 수 있다. 그럴 때 우리는 진정으로 사랑하는 법을 배우게 된다.

우리 안에 숨어서 다른 사람의 영혼과 생명을 구하려는 노력을 방해하는 장애물이 있다. 바로 그것을 죽여야 한다.

매우 경건한 유다인들이 자신들의 랍비가 아무 짝에도 쓸모없는 사람에게 돈을 준 것에 대해 비난했다. 그들은 그 사람이 돈을 좋지 않은 곳에 쓸 것을 알고 있었기 때문이다. 그러자 랍비는 말했다.

"내가 이 돈을 줄 때, 하느님이 나에게 돈을 주셨을 때보다 더 까다로우면 어떻게 되겠습니까?"

인생에서 우리가 피해야 할 것은 죄가 아닐 수 있다. 오히려 우리가 전염병을 보듯이 피해야 하는 것은, 죄를 짓고도 결백을 주장하는 뻔뻔스러움이다. 바로 이것이 가장 큰 죄다.

지을 때

"우리의 원대한 사명은
먼 곳에 있는 희미한 것을 지켜보는 게 아니라
가까이 있는 분명하게 보이는 일을 하는 것이다."

행동하는 사람이 필요한 때

혁명은 우리에게 승리에 대한 큰 성취감과 함께 승리가 깨지기도 쉽다는 것을 가르쳐 준다. 혁명이 성공하는 순간 꿈꾸는 것은 끝난다. 모든 의견과 말이 멈춘다. 폭죽이 터지던 하늘이 갑자기 깜깜해지고, 새벽의 여명이 대낮의 밝은 빛으로 바뀐다. 혁명의 진정한 모습은 옛 세상이 무너지는 순간에 시작된다.

혁명이 시작되면 사람들의 마음에 불을 지핀 약속이 무엇이든, 그 약속은 아름다운 시詩가 아니라 차갑고 딱딱한 정책이 된다. 희미해진 희망은 기대로 바뀐다. 영웅은 따분해지고 군악대는 더 이상 행진곡을 연주하지 않는다. 혁명이 성공하면 비평을 할 필요가 없어진다. 멋진 신세계를 바라며 흥분한 군중들을 이끌 필요도 없다. 드라마틱한 혁명이 끝난 후에 군중들은 꿈꾸던 멋진 신세계가 이행되는 약속을 지켜본다. 혁명이 끝난 후에 할 일은 파괴된 것을 다시 짓는 것이다. 즉 다시 시작하는 것이다. 영국의 사상가 토머스 칼라일은 이렇게 표현했다. "우리의 원대한 사명은 먼 곳에 있는 희미한 것을 지켜보는 게 아니라 가까이 있는 분명하게 보이는 일을 하는 것이다."

말하기는 쉬워도 행동하기는 어렵다. 노아를 떠올려 보자. 노아는 홍수에 대비하여 방주를 만드는 것도 어려웠겠지만, 폭풍우 속에 방주를 띄우는 일도 아주 두려웠을 것이다. 그러나 폭풍우를 보고 나니, 어디로 가야 하는지 몰라도 일단 움직인다. 혼돈 앞에는 두려움도, 이유도 없다. 사람은 보통 때 같으면 할 생각도 없었던 것을, 급박한 상황이 닥치면 생각 없이 곧장 한다. 결국 방주는 물 위를 떠간다. 열악해도 없는 것보다는 낫다. 사회적 격변의 시기에는 많은 희생이 뒤따르지만 어떤 노력이나 인내도 견딜 수 있는 때다. 이러한 상황은 생각보다 빠르게 흘러가고 급속도로 잦아든다.

영원히 끝나지 않는 폭풍우는 없다. 모든 비바람은 지나간다. 고난의 때에도 끝이 있다. 그다음은 이전보다 더 나아진다. 더 좋은 관념, 더 올바른 사회 구조, 더 바람직한 제도, 더 평온한 국가가 생겨난다. 새로운 창조의 때, 곧 영원한 어둠을 뚫고 빛이 드는 때가 온다. 진실의 순간이 도래한다. 여기에는 긴박한 상황이나 흥미진진한 사건이 거의 일어나지 않고 따분한 일상이 펼쳐진다. 그러나 그때가 되어서야 새로운 창조의 작업이 시작된다.

자신이 살던 세상을 떠나는 것도 엄청난 도전이었을 것이다. 노아에게 놋 땅에서 사는 것은 최고로 만족스럽진 않았겠지만 적어도 익숙하고 안정적인 시간이었을 것이다. 사실 그 땅에서의 삶이 노아의 뿌리였고 정체성이었다. 또한 그의 과거이자 미래이고, 그의 세상이었다. 그런 자신의 세상을 뒤로 해야 했다. 누가 이 딜레마를 모를까? 굳이 겪어 보지 않아도 충분히 어려운 상황임을 알 수 있다.

우리는 흔히 이렇게 말한다. "지금이 제일 좋은 상황은 아닐지라도 다른 도전을 하는 것보다는 나아." 그러고는 이유 없는 부도덕한 행위를 견뎌 낸다. 더 이상 참을 수 없을 때까지 혹은 원하는 결과를 얻을 때까지 우리의 삶에서 참을 수 없는 것들을 견딘다. 결국 우리의 선택은 간단하다. 지금의 상황을 있는 그대로 받아들이거나 아니면 더 나은 상황을 찾는 것이다. 노아는 바로 이러한 선택의 기로에 처했다. 그는 쉽게 선택할 수 없는 대안들 중 하나를 선택해야 했다. 영국의 소설가 길버트 키스 체스터턴은 이렇게 표현했다. "나는 인간에게는 운명이 없다고 믿는다. 그러나 행동하지 않는 인간에게는 정해진 운명이 생긴다고 믿는다."

성경에는 노아가 "의롭고 흠 없는 사람"(창세 6,9)이라고 기록되어 있다. 어쩌면 그는 어리석은 사람이었을지도 모른다. 그는 하느님의 말씀을 들은 후 자신이 살던 세상을 떠나기로 결심한다. 참으로 숭고하지만, 무척이나 힘든 과정이었을 것이다. 노아는 때를 기다리며 준비하는 그 긴 시간 동안 수시로 일어나는 충동을 힘겹게 눌러야 했을 것이다. 그뿐만 아니라 감당하기 힘든 외로움도 느꼈을 것이다. 어디에도 소속될 수 없는 외톨이가 되었다. 그는 세상의 주류를 부정하는 사람, 받아들일 수 없는 급진적인 생각을 가진 정신 이상자로 손가락질을 받았다.

우리가 살면서 아주 조금이라도 다른 이들보다 앞서 무언가를 한 적이 있다면, 노아의 심정을 조금이나마 이해할 수 있을 것이다. 말하자면 과거에 대한 비판만으로는 누구도 설득할 수 없다는 이야기다. 굉장히 어려운 일이겠지만 우리는 새로운 미래를 창조하기 위해 우리 자신을 바쳐야 한다. 여기에서 우리는 선동자와 진정한 리더의 차이를 알게 된다. 공동체에 그저 불평불만만 늘어놓는 사람인지 아니면 공동체를 위해 헌신하는 사람인지를 구분할 수 있게 된다. 그러나 이것을 확연히 구분할 수 있는 때는 이미 늦은 경우가 많다.

다시 짓는 사람에게 주어지는 영적 선물

혁명은 쉽지만, 재건하는 것은 어렵다. 그러나 다시 짓는 것은 영적 선물이자 창조의 은사 중 하나다. 여기서 노아는 재창조를 했다. 인류가 자초한 재앙에서 그들을 구하는 것이 노아의 일이다. 하느님은 세상을 완전히 쓸어버리지 않으시고 더 나은 재료로 더 새롭게 만드신다. 반면에 하느님은 첫 창조 때처럼 누군가를 보내신다. 우리는 여기에 주목해야 한다. 다시 짓는다는 것은 처음에 상황을 망쳐 놓은 이들을 데리고, 스스로 타락한 사람들을 데리고 새로운 일을 시작하는 것이다.

다시 짓고, 새로워지고, 쇠퇴한 것을 회생시키는 일에는 무엇보다 남아 있는 과거의 모습이 제일 큰 방해가 된다. 정직한 정부, 평등한 제도, 정의로운 사회를 위해 마음의 문을 열려고 할 때 오히려 혼란스러워진다. 우리만 그것을 모른다. 우리가 새로운 세상을 제안할 수는 있어도, 지난날의 특징이 사라진 세상은 상상하지 못한다. 과거의 모습이 드러나지 않는 변화를 원하지만 실제로 원하는 것은 지금도 예상할 수 있는 변화다. 우리는 혁명을 원하지만 익숙한 혁명만 원한다. 새로운 세계를 요구하지만 너무 새롭지 않은 세계를 요구한다. 우리 스스로가 미래를 볼 시력을 잃게 놔둔다. 즉 우리는 새롭게 다시 짓지 않는 것이다.

다시 짓는 사람에게는 특별한 용기가 필요하다. 그는 잃는 것도 감수해야 한다. 다시 짓는다는 것이 무엇을 의미하는지, 어떤 모습과 결과를 만들어 낼 것인지 전혀 짐작할 수 없기 때문이다. 다시 짓는 사람은 그 과정에서 실패에 실패를 거듭하며 넘어지는 것을 각오해야 한다. 또한 몇 안 되지만 자신을 응원하는 사람들이 떠날 수도 있음을, 오히려 자신을 사기꾼이나 공상가로 여길 수도 있음을 각오해야 한다. 마침내 이전의 그들의 모습보다 더 나아지고 확실한 변화가 보일 때까지, 새로운 삶을 시작할 만큼 과거로부터 충분히 자유로워질 때까지 말이다. 프랑스의 정치가 프랑수아 기조는 이에 관해 이렇게 말했다. "보이지 않는 수많은 노고와 수없이 좌절된 마음이 있어야 비로소 승리가 다가온다."

그러나 다시 짓는 사람에게는 커다란 영적 선물이 주어진다. 다시 짓는 사람은 다른 이가 말로만 했던 것을 현실로 만든다. 이들은 오래도록 영웅으로 칭송받는다. 이들은 명성과 돈과 대중의 관심을 포기하고, 이상을 현실로 만드는 일에 자신의 인생을 바친다. 그들은 낡고 망가진 세계 안에 새롭고 튼튼한 세계를 세운다. 에이즈 환자들의 고통을 보며 그들을 위한 사회봉사를 시작한 이들이 그랬다. 그들은 도덕주의자들이 환자들에게 어떠한 도덕적 결론을 내리든 간에, 에이즈 환자들을 측은히 여겼다. 그들은 우리가 보지 않을 수 없을 때까지, 더 이상 못 본 척할 수 없을 때까지 보려고 하지 않았던 세계를 보게 만들었다.

어떤 사람들은 굳이 왜 사서 고생을 하는지 모르겠다거나 반대의 기미가 보이면 바로 포기하겠다는 생각으로 인생을 살아간다. 탁상공론을 하는 비평가들은 노아처럼 더 용감한 길에 오른 사람을 비판한다. 그들도 세상의 문제를 알고 있지만 그 문제에 대한 해결책은 좀처럼 제시하지 않는다. 그들은 대답하기보다는 주로 질문만 한다.

다시 짓는 사람에게 인생은 창조의 긴 영적 여정이다. 세상이 하느님의 나라와 이상 그리고 그분의 뜻에 조금 더 가까이 가도록 하기 위해 필요한 것이 무엇이든, 그것을 위해 끊임없이 노력한다. 다시 짓는 사람은 한 점의 창작물을 빚고 그 결과를 시간의 불가마에 맡기는 영혼의 예술가다. 그는 모든 해답을 얻으려고 하지 않는다. 그리고 더 나은 세상을 만드는 데 필요하다면 영원히 물 위를 떠다닐 각오를 한다.

어떠한 조롱도 다시 짓는 이들을 꺾지 못한다. 어떠한 것도 그들을 단념시킬 수 없다. 다시 짓는 사람들은 몰지각한 질책이나 지속적인 야유에 쓰러지지 않는 아주 굳건한 목표가 있기 때문이다.

진정한 기쁨을 위한 확고한 인내

진보주의자들은 다시 짓는 이들이 너무 느리다고 말한다. 반대로 보수주의자들은 그들이 너무 빠르다고 말한다. 교회의 정통주의자들은 이단이라고 말한다. 어떤 이들은 그들을 배신자로 여기며 내쫓는다. 다시 짓는 이들의 삶은 너무나 외롭다. 이들은 너무 오랫동안 사랑 없이 지내 온 사람들의 마음에 사랑을 다시 지어야 하기 때문에 성공하기 힘들 수도 있다. 결국 실패한 메시아처럼 배척당할 수 있다. 어두운 밤에 아무도 가본 적이 없는 길에 홀로 버려지게 되는 것이다.

많은 사람이 그들이 실패했다고 확신하고 상심한 나머지 그들을 등진다. 그러나 무너진 세상을 재건하는 데에는 한 번의 인생으로는 충분하지 않다. 다시 짓는 사람들의 끈기가 모여 조금씩 세상이 다시 세워진다. 결국 오랜 시간이 흐른 뒤에 그들이 부활한다. 마침내 세상이 그들의 행적과 수고를 기억하고 기리게 되는 것이다.

우리 주변에서도 세상이 어지러울 때, 세상을 다시 짓기 위해 움직이는 이들을 발견할 수 있다. 그들에게서 이상을 품은 사람의 힘과 확고한 인내를 볼 수 있다. 다시 짓는 사람들은

'두려움을 1분 더 견뎌 낸 것이 용기'라는 메시지를 우리에게 전한다.

다시 짓는 사람들은 노아의 눈으로 무지개를 바라본다. 그들에게는 도망치고 싶은 마음만큼이나 구하려는 마음이 있다. 끝내고 싶은 마음만큼이나 새롭게 시작하고픈 마음을 가지고 있다. 그들은 쉽게 단념하지 않는다. 그들 덕분에 인류가 큰 실패를 거듭해도 인류의 영혼은 성장했다. 결국 하느님의 말씀을 듣고 그것을 믿을 만큼 바보같이 단순한 사람들이 흔들리지 않는 믿음으로 살아남았다. 영국의 소설가 조지 버나드 쇼는 이렇게 표현했다. "자신이 옳다고 생각하는 것을 위해 자신의 모든 것을 아낌없이 헌신하는 것, 자신의 불행을 세상에 불평하는 대신 세상의 불행을 없애기 위해 힘을 보태는 것, 이것이 인생의 진정한 기쁨이다."

이제 그 기쁨을 위해 나서야 할 때다. 무너지고, 깨진 곳을 다시 지어야 할 때다.

끌어안을 때

"부드러운 감정이 있어야 두려움 없이
다른 이를 끌어안을 수 있다."

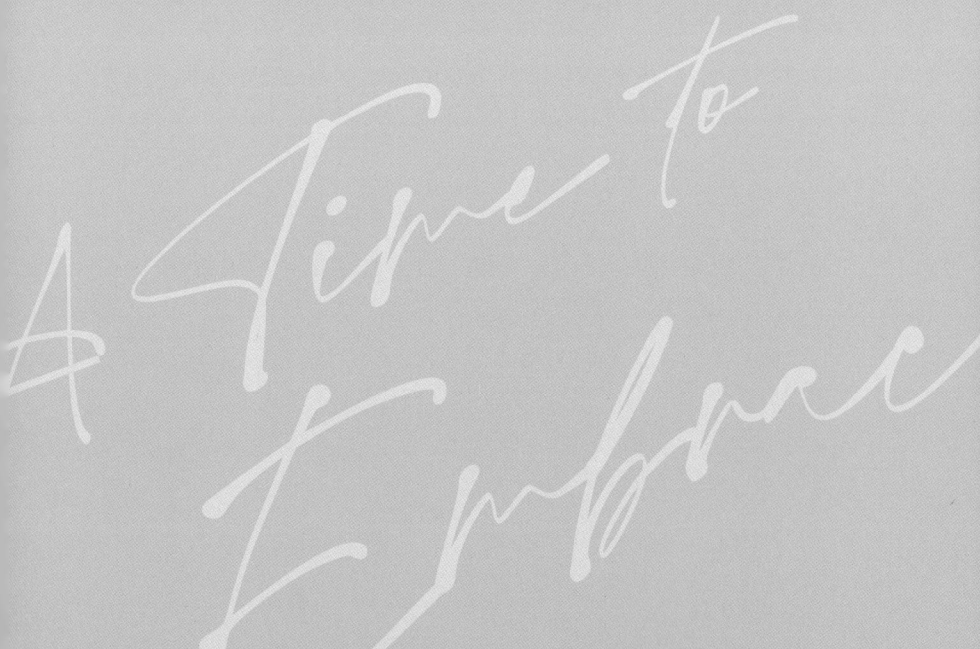

한계를 뛰어넘는 힘

성경에는 상반되는 사람들이 하나가 되는 이야기가 여러 번 나온다. 요셉과 그의 형제들, 모세의 어머니와 파라오의 딸, 예수님과 사마리아 여인, 젊은 마리아와 늙은 엘리사벳의 이야기가 그런 경우다. 이 이야기들은 아주 감동적이다. 요셉은 자신을 질투했던 형제들을 보고 운다. 파라오의 딸은 강에서 아기였던 모세를 건져 히브리인 유모 즉, 모세의 어머니에게 맡긴다. 예수님은 접촉이 금지된 사마리아 여인의 물동이로 물을 마신다. 다시 말해 성경은 반대편에 서 있는 다른 사람을 끌어안는 이야기로 가득하다. 그들은 서로 닮지 않았고 평범한 사람일 뿐이다. 그러나 서로에게서 자신들의 한계를 뛰어넘을 힘을 발견한다. 그렇게 그들은 만나서 서로를 끌어안는다. 서로의 영혼을 어루만진다. 서로에게서 강한 기운을 받는다. 이러한 끌어안음으로 인해 세상이 변한다.

잘못된 이성주의

그러나 이것은 성경의 이야기다. 우리는 이보다 훨씬 더 이성적이다. 우리는 만나서 규칙을 정하고, 적을 만들고, 서로 분리된다. 한쪽에는 남자가, 다른 쪽에는 여자가 앉는다. 한쪽에는 부유한 사람이, 다른 쪽에는 가난한 사람이 앉는다. 결국 우리는 사람에게 등급을 매겨 구분하는 것이다.

흔히들 인생에서 가치가 있는 것은 '지성'이라고 말한다. 그리고 우리는 "남성이, 부유한 사람이, 학구적인 사람이 지성을 가지고 있다."라고 하면서, 그것을 '이성적'이라고 표현한다. 그 밖의 사람들은 굴욕감을 느껴도, 의견을 무시당해도, 존중받지 못해도 상관없는, 본질적으로 가치가 없는 사람들로 취급한다. 우리 안의 인간성을 격하시키고선 그것을 발전이라고 부르는 것이다.

우리는 전쟁을 반대하는 이들을 반역자라고 부르고, 핵무기가 인류의 자살 도구라고 말하는 사람들에게 '우주를 향한

계획'이라고 변명한다. 콜레라로 죽어 가는 아이들을 위해 사막을 달리다 총에 맞아 쓰러진 군인들을 보고 슬퍼하는 사람에게 '여러 이해관계나 상황에 대한 생각이 없는 진보주의자'라고 조소한다. 여성이 대통령 후보가 되면 국가를 이끌 만큼 강인한지 증명하라고 말하지만, 남성 후보자에게는 국가를 함부로 이끌지 않을 만큼 강인한지 증명하라고 말하지 않는다. 우리는 인류를 파괴하려는 의도를 굳은 결의라 부르고, 그것을 막기 위한 노력을 연약함이라고 부른다. 참으로 슬픈 현실이다. 인간적인 것을 필요 없다고 규정할 때, 우리는 인간으로서의 삶을 포기하는 불행의 길을 걷기 때문이다. 우리의 이성주의가 비이성적으로 되어 잘못된 방향으로 가게 된다. 새로운 세계로 향하는 길이 필요한데도, 잘못된 길에 빠져 나아가질 못하는 것이다.

가난한 사람을 위한 복지보다 부유한 사람이 중심이 되는 복지가 이성적이라고 설득하는 것은 비열하다. 사람들 대부분은 사회적 약자에게 더 많은 복지 혜택이 제공되는 것을 불편해하면서도, 국민의 세금을 부당하게 관리하다가 낭비한 이들에 대해서는 한마디도 하지 않는다. 비과세 기업이 납부하지 않는 세금을 메우기 위해 개인이 더 많은 세금을 내는 것은 상관도 하지 않으면서, 지역의 사회 복지 시설을 위해 내는 아주 작은 세금은 격렬하게 거부한다. 우리는 자신의 감정에 대해서는 부끄러워할 줄 알면서, 같은 인간에게 비인간적인 잣대를 들이밀며, 이를 합리화하면서도 부끄러워하지 않는다. 인간의 이성이 고차원적이라고 우쭐대면서, 어떤 동물도 동족에게 하지 않는 짓을 서로에게 서슴없이 행한다. 그리고 이러한 사회를 논리적이라고 말한다.

가장 큰 문제는 머리로는 이 모든 것이 잘못되었음을 알면서도 감정으로는 전혀 그것을 느끼지 못한다는 것이다. 가족과 함께 행복한 시간을 보낼 때, 텔레비전에 나오는 비인간적이고 참혹한 생활을 하는 아이들을 봐도 별다른 감정을 느끼지 못한다. 설령 무언가를 느낀다 해도 스스로에 대한 부분은 합리화하고 나머지 부분만 조금 인정한다.

세상에는 일시적인 만족과 지배에 집착하는 사람들이 많다. 우리는 무수히 많은 잘못을 저지르면서도 타인의 아주 작은 잘못도 허용하지 않으며, 한쪽에서는 육체적인 굶주림으로 다른 쪽에서는 정신적인 굶주림으로 고통받고 있지만, 그저 보고만 있다. 이러한 우리는 코헬렛의 교훈을 하나하나 꺼내어 볼 필요가 있다.

이성에 짓밟힌 세상

대단히 많은 요소가 우리의 감정에 영향을 준다. 우리는 살면서 감정을 점차 잃어 가기도 하고, 객관적 타당성을 중요시하다가 이를 실체로 대체해 버리곤 한다. 그러면서 감정을 통제할 수 없다고 말하며, 전염병처럼 멀리한다. 그러나 정작 인종 차별과 성차별 그리고 권력과 제도가 인류를 구하고 이끌어 가는 도구라고 주장하는 이들은 제대로 보지 못한다. 오히려 인류를 정화하고 보호하며, 힘을 주고 돕는 것은 인간의 마음속에 감추어진 감정이다. 부드러운 감정이 있어야 두려움 없이 다른 이를 끌어안을 수 있다.

하지만 우리는 이러한 것보다 계급과 위계질서 그리고 권력으로 구분된 인위적인 제도와 질서에 더 강하게 사로잡힌다. 인간적인 모습을 배제한 이성적인 모습이 모두를 위한 가장 좋은 것이라고 말하는 사람들로 인해, 우리는 감정과 인간적인 마음을 잃고 만다. 영국의 시인 토머스 하디는 제1차 세계 대전이 시작되기 전 유럽에서 분쟁이 한창 일고 있을 때 이런 글을 썼다.

나는 그를 쏘아 죽였다
나의 적이라는 이유
단지 그뿐이었다
물론 그는 나의 적이다
분명한 나의 적이다

아마도 그는 즉흥적으로 입대를 생각했을 것이다
그도 나처럼 실직하고 세간을 팔았을 것이다
다른 이유가 있겠는가

전쟁은 참 묘한 것이다
동지를 쏘아 넘어뜨리다니
어느 술집에서 만났다면
술 한잔 사 주었을 텐데
아니면 몇 푼 쥐어 주었을 텐데

비이성적으로 보일 만큼 이성적인 우리는, 다른 상황에서는 결코 적이라고 부르지 않을 사람들과 애국심, 도덕, 정의라는 명목으로 무기를 들고 싸운다. 엄청난 혼란을 야기하는 비이성적인 과학 기술에 대한 우리의 태도를 바꾸기 전에는 인간적인 모습을 되찾을 수 없다.

이렇게 우리는 감정보다 제도에 더 관심을 두면서 우리의 인간성을 억누른다. 그것은 아이들이 남녀평등이나 이기적인 태도에 대한 잘못된 생각에 빠지도록 만든다.

나는 학교에서 전쟁의 이점 중 하나가 '인구 조절'이라고 배운 날을 기억한다. 어린 나이에 그것에 수긍하는 내 자신이 너무 소름 끼쳤다. 심지어 나는 시험지에 그것을 답으로 적어냈다. 아마 여러 세대의 아이들이 그렇게 배웠을 것이다. 나는 그러한 가르침에 이의를 제기할 수 있는 은총을 받지 못했다. 결국 내 인간성은 지독한 이성적인 논리에 짓밟혔다. 그렇게 내 안에는 이성이라는 이유로 죄의 흔적들이 남았다. 그렇게 나는 시민 의식을 높여야 한다는 이유로 권위적인 교육을 받아야 했지만, 피해를 입었다고 말할 수 없었다. 이미 그럴만한 인간성이 거의 남아 있지 않았기 때문이다.

더 심각한 문제는 이러한 행태가 이성적인 기준으로는 맞는 것처럼 보인다는 사실이다. 그러나 이는 이성에 대한 지나친 숭배에 의해 우리 스스로가 자신을 종말로 끌고 가는 것이다. 아일랜드 출신의 작가 조지 버나드 쇼는 이렇게 말했다. "이성적인 사람은 자신을 세상에 맞춘다. 이성적이지 않은 사람은 세상을 자신에게 맞추려고 끈질기게 노력한다. 따라서 모든 발전과 변화는 비이성적인 사람에게 달려 있다."

우리는 사랑보다 분노라는 감정에 더 납득하게 되었다. 그리고 감정 없는 이성을 갖도록 스스로를 부추겼다. 결국 우리는 이에 대한 대가를 치르게 되었다. 세계에서 손꼽힐 정도로 부유한 나라에서도 가난한 사람들이 거리에 넘친다. 그런데도 그러한 사람들이 계속 생겨나게 만드는 정책에 대해서는 의문을 품지 못한다. 개인주의로 가득 찬 사회의 본 모습을 깨닫지 못하는 것이다. 언젠가 우리도 희생양이 될지도 모르는데 말이다.

사람을 사람답게 만들어 주는 '감정'

우리는 개인에 대한 존중과 이기주의를 구분하지 못할 정도로 사랑의 능력을 상실했다. 끌어안는 법을 배우지 못했기 때문에 끌어안을 줄 모르는 것이다. 그 때문에 이 시간에도 수많은 사람들이 죽어 간다. 르완다, 보스니아, 이라크, 아프가니스탄뿐만 아니라 뉴욕, 파리, 그리스 등 수백만 명의 사람들이 죽어도 관심을 기울이지 않는다. 스스로의 정신을 마비시키는 것이 삶의 방식이 되어 버렸다.

이런 시대에 살고 있는 우리에게는 '끌어안음'의 영성이 필요하다. 감정을 느낄 줄 알아야 한다. 우리는 "가장 위대한 것은 사랑이다."라는 말을 들어 봤다. 그러나 그것을 실제로 믿지 않는다. 또 "한쪽 뺨을 맞거든 다른 쪽 뺨을 대어라."라는 말도 들어 봤다. 그러나 실천하지는 않는다. 과연 우리는 타인의 고통스러운 상황을 보고 진심으로 안타까워하고 공감할 수 있을까? 어떻게 해야 우리가 하느님의 마음을 품어 '끌어안음'의 은총을 받을 수 있을까?

미국의 철학자 조지 산타야나는 "울지 않는 젊은이는 미개인이고, 웃지 않는 늙은이는 바보다."라고 말했다. '끌어안음'의 영성은 부끄러워하지 않고 자신들의 감정을 드러낼 수 있을 때, 그리고 두려워하지 않고 자신들의 감정에 따라 움직일 수 있도록 잘못된 이성과 관념에서 벗어날 때 생긴다.

오늘날의 세계는 불안정하다. 감정이 없는 정부는 부패하고, 감정이 없는 사람들은 끔찍한 실수를 저지른다. 감정이라는 가치는 현대 사회에서 더 이상 개인적인 문제가 아니다. 우리가 스스로 인간임을 자처하면서 인간의 고차원적인 기능인 감정을 무시할 수는 없다.

다른 사람을 끌어안고, 자신의 삶에 받아들이며, 그가 관심과 사랑에 의해 성장한다는 것을 믿을 때 인류는 변화할 것이다. 다른 사람들도 자신과 똑같은 감정을 가지고 있음을 인정할 때, 더 이상 일본인이 사악해 보이지 않고, 흑인이 위험해 보이지 않으며, 백인이 식민지의 독재자로 보이지 않는다. 셰익스피어의 희곡 《베니스의 상인》에 나오는 유다인 샤일록은 적의에 찬 반유대주의 기독교인들 앞에서 이렇게 말한다. "나는 유다인이오. 유다인은 손도, 장기도, 몸뚱이도, 감각도, 애정도, 열정도 없습니까? 당신들과 똑같은 음식을 먹고 똑같은 무기에 다치고 똑같은 병에 걸리고 똑같은 방법으로 치료받지 않습니까? 당신들이 찌르면 우리는 피도 안 납니까?"

타락한 이성주의에서 벗어나려면, 인간의 감정을 기초로

삼고 의사결정을 해야 한다. 우리는 너무나 오랫동안 잘못된 남성성으로 사회생활의 특성을 정당화했으며, 군국주의를 미화하고 정부의 정책을 주도했다. 또한 객관적 이성주의로 인간성을 깎아내렸고, 여성성을 부인했으며, 모든 인간이 지닌 감정을 쓸모없는 것으로 만들었다. 결국 이성은 인간의 죄가 되었고, 개인주의는 우리의 병이 되었다. 이제는 인간인 우리에게 감정이 부족해졌다.

지금이 바로 끌어안을 때다. 개인주의가 공동체를 파괴하여, 우리가 인간의 진화가 시작되었을 때보다 퇴행한 인간이 되기 전에 서로를 끌어안아야 한다. 우리는 지금까지 이성적인 것을 추앙했지만 남은 것은 피폐한 현실이었다. 오직 끌어안는 것만이 우리의 희망이다. 랍비인 모세 레입은 사람들에게 이렇게 가르쳤다.

나는 한 농부로부터 사랑하는 법을 배웠습니다. 그는 선술집에서 다른 농부들과 함께 술을 마시면서 앉아 있던 사람입니다. 그는 술자리에서 한참 동안 말이 없었습니다. 술이 어느 정도 들어갔을 때 그는 비로소 입을 열어 옆에 앉아 있는 사람에게 말했습니다.

"말해 보게. 자네는 나를 사랑하나, 사랑하지 않나?"

옆에 있던 사람이 대답했습니다.

"나는 자네를 무척 사랑하네."

그러자 농부가 이렇게 대답했습니다.

"자네는 나를 사랑한다고 말하지만 내가 필요한 것을 모르지. 정말 나를 사랑한다면 그걸 알아야 돼."

농부의 이 말을 들은 사람은 아무 말도 할 수 없었습니다. 질문을 한 농부는 다시 침묵에 빠졌지요. 그러나 나는 거기에서 진정으로 사랑하는 법을 깨달았습니다. 다른 사람의 필요를 알고 그들의 슬픔의 짐을 들어 주는 것, 그것이 바로 진정한 사랑입니다.

그는 사랑을 유다교 회당에서 배우지 않았다. 선술집에서 배웠다. 그곳에서는 사실과 이성이 중요하지 않았다. 오직 넘쳐흐르는 감정만 있었을 뿐이다.

수확할 때

"우리는 목적지로 향하는 과정을 의식하며 걸어야 한다."

항상 낭만적일 수 없는 결과

성공이 무엇이라고 생각하는가? 여러 대답이 나올 수 있지만, 이 모든 것을 관통하는 핵심을 아는 사람은 극히 적다. 독일의 철학자 마르틴 부버는 《하시디즘 이야기 Tales of the Hasidim》에서 그 핵심을 분명하게 말했다. "기적을 일으키는 사람에게 대단한 비결이 있는 게 아니다. 일정 수준의 영적 단계에 도달한 사람은 누구나 하늘과 땅을 옮길 수 있다."

곧 인생을 잘 사는 것, 해야 할 일을 하는 것, 매일 이어지는 지루한 일상에서 자신의 참모습을 유지하는 것은 단순히 재산을 쌓는 것과는 완전히 다른 성공이다. 재산을 모으는 것은 그저 여러 성공 중 하나일 뿐이다.

우리는 수확을 낭만적으로 묘사하고 싶어 한다. 그러면서 수확에 관해 이야기할 때 그것이 얼마나 어려운 일인지 잊어버린다. 수확을 할 때는 거두어들인 것을 팔지 못할 수도 있다는 큰 불안감을 안고 뜨거운 태양 아래에서 빠르게 해야 한다. 거두어들인 작물을 누구도 원하지 않을 수 있다. 열심히 낫질을 해도 수익을 올리지 못할 수 있다. 애썼던 일이 결국 실패로 돌아간 것처럼 보일 수 있다. 좋은 작물을 많이 거두어들여도 전혀 팔리지 않을 수 있다. 좋은 품질의 작물을 내는 땅이어도 갈아엎을 수 있다.

수확을 결정하는 것은 대단한 선택이다. 수확은 풍요로운 결실을 맺는 순간을 그저 즐길 때가 아니라 수고하며 씨를 뿌린 밭의 결실을 거두며 새로운 세계와 마주하는 때다.

수확하는 사람은 확실한 성공을 거두기 위해서가 아니라 자신의 일을 완수하기 위해 등을 굽힌다. 자신이 경작하고 씨를 뿌렸던 밭을 마무리하기 위해서다. 그 이상도 이하도 없고 그것이 전부다. 수확함으로써 개인적인 성공을 이룰 뿐이다.

성공과 성취에 대한 잘못된 인식

성취의 결과를 성공으로 생각하는 사람들이 있다. 그들은 인생의 결과가 원했던 것이 아니면 자신의 인생이 실패했다고 말한다. 금전적인 풍요, 대중의 찬사, 강한 권력, 명망 있는 지위 등 성공을 보여 주는 트로피를 얻지 못하면 실패한 인생이라고 생각하는 것이다. 그러나 인생의 목표가 결과보다 더 중요하고, 질문이 대답보다 더 중요하다고 생각하는 사람들에게는 다르다. 그들에게 성공은 자신이 얻은 것보다 자신이 가치 있게 여기는 것에 의해, 결과보다 목표에 의해, 양보다 질에 의해 좌우된다. 이런 사람들에게 성공은 수익의 보장보다 약속의 이행과 더 연관이 있다.

무언가를 키우는 일은 정직한 결과로 돌아온다. 그저 손에 잡히는 이익이 있든 없든 해야 할 필요가 있다고 생각하는 것을 꾸준히 하는 것이다. 결국 하루하루 조금씩 진정한 나의 모습을 살아가며 인생을 완성해 나간다. 인생의 성공은 어떤 대가를 치르든 자신에게 진실한 사람이 되는 데에 달려 있다.

그러나 성과 우선주의 사회에서는 이와 다르게 말한다. 이 사회를 떠받치는 사상은 삶을 왜곡시키고, 삶의 의미를 상실하게 하며, 개인의 이익만 중시하는 각박한 삶을 살도록 부추긴다. 미국의 경제학자 소스타인 베블런은 이렇게 말했다.

"공동체에 어떠한 희생과 위험이 뒤따르더라도, 얻을 수 있는 이익을 취하는 것이 언제나 옳은 비즈니스다." 주식과 채권, 이익과 손해, 이자율과 수익에 관한 경제의 원리는 복음보다 더 크게 울려 퍼지며 우리의 사고를 물들인다. 이는 개인이 경제 활동의 주체라는 측면을 넘어 인격적으로도 영향을 끼친다. 그리하여 우리가 꼭 해야 할 일이 아닌 것도 하게 된다.

우리는 무기가 무언가를 지키는 것보다 파괴하는 것에 가까움을 알면서도 국가의 일원으로서 전쟁에 참여한다. 그러나 우리를 위험에 처하게 할 수 있으나 적어도 세상이 더 이상 망가지지 않게 할 수 있는 비폭력 저항에 대해서는 고려하지도 않는다. 우리는 예수님이 성경을 통해 우리에게 분명하게 가르치신 계명을 종파 구분, 인종 차별, 성차별 등으로 무용지물로 만든다. 인류의 발전과 정의를 추구하기보다는 이윤을 위해 값싼 노동력을 추구한다. 또한 우리 스스로 형식주의와 제도주의 그리고 남성 우월주의의 씨를 뿌렸으면서 지역 이기주의, 억압적인 가부장제, 인종 차별, 성차별이 생기는 이유를 궁금해한다. 그러면서 공동체 의식과 약자들을 위한 자비보다는 제도와 사회적 이익을 선택한다. 가장 심각한 것은 이러한 선택과 그에 따른 결과를 성공이라고 부른다는 사실이다.

정신적인 풍요보다 가시적인 이익에 열중하는 사회는 성공의 개념을 왜곡한다. 이러한 사회는 즉각적으로 확실한 수익을 거둘 수 없는 것은 모두 중단하려는 특징이 있다. 사람들은 내면의 만족감보다는 높은 봉급이 보장되는 승진을 추구하며 인생을 보낸다. 학생들은 문화와 철학보다는 기술과 비즈니스를 배우며, 교양 있는 사람보다 성공한 사람이 되라고 가르침을 받는다. 우리는 성취와 만족 그리고 수익을 빠르게 얻기를 원한다. 측정할 수 없는 것은 굳이 시간을 들여 얻으려 하지 않는다. 그저 최대한 빨리 결과가 나올 일을 찾는다. 우리는 가능성보다 확실한 보장을 원한다. 그러나 이는 수확하는 사람의 모습이 아니다.

두려움 없이 허리를 숙일 줄 아는 사람

수확하는 사람은 수확을 위해 일한다. 그들은 수익을 생각하지 않고, 그저 수확의 때가 되었기 때문에 수확한다. 시기에 맞는 일을 하며, 결과가 무엇이든 끝까지 과정을 따라갈 때 우리는 수확하는 사람이 된다. 이러한 사람들이 때가 되었음을 확신하며 거리에서 인종 차별 폐지 운동을 벌였다. 또한 잘못된 방어 정책의 악영향을 인식하고 핵 보유주의의 종식을 요구했다. 수확하는 사람들은 앞으로 다가올 세상이 지금보다 더 나아질 수 있도록 그들 앞에 놓인 세상의 문제를 해결하기 위해 앞장선다.

수확은 공적인 책임일 뿐만 아니라 개인적인 일이기에 우리는 인생의 여러 시기에서 좋은 것을 거두어야 한다. 그러나 우리는 휴식에 관해 이야기만 하고 편안히 쉬지 않는다. 여행을 계획하고 바쁘다는 핑계로 가지 않는다. 결혼식이나 장례식에 가지도 않는다. 축하나 위로 메시지를 보낼 뿐이다. 우리의 인생을 의미 있게 만드는 순간들을 눈앞에서 놓치고 있는 것이다. 공적으로나 개인적으로나 우리가 거두지 않은 많은 것들이 인생에서 그냥 사라진다.

때가 되었는데도 수확하지 않으면 우리가 거두어야 할 것들이 우리의 마음 한가운데에서 썩는다. 문제는 그 순간을 놓치면 되돌릴 수 없다는 것이다. 때를 놓친 축하, 지키지 않을 다음에 보자는 약속은, 실제로 그 시간에 함께하는 기쁨을 대신할 수 없다. 그렇기에 우리는 각각의 시기를 알차게 살지 않으면, 인생의 열매를 놓치고, 때마다 찾아오는 수확의 시기를 놓친다.

우리는 지금 하는 일의 목적과 의미를 묻지도, 생각하지도 않는다. 그 결과, 목적을 달성했을 때에도 기뻐하지 않는다. 그저 일벌처럼 그다음에 해야 할 것에만 집중한다. 우리는 열심히 심고 키울 줄만 알지, 수확할 때는 모른다. 그러다 보면 다음 것을 시작할 때를 알아채지 못한다. 그렇게 인생은 우리 곁을 스쳐 지나가게 된다. 우리는 그것을 의식조차 하지 못하면서, 그렇게 사는 것을 두려워한다.

사람들은 끝을 두려워한다. 수확의 아름다움을 모르기 때문이다. 사람들은 변화를 두려워한다. 수확의 과정을 가치 있게 여기지 않기 때문이다. 여기에 수확을 방해하는 두 가지 장애물이 있다. 하나는 불평하며 미루는 마음이고, 다른 하나는 인생의 각 단계를 소중하게 생각하지 않는 마음이다.

많은 사람들이 일을 하기 위한 완벽한 때를 기다린다. 그러나 어떤 일에도 완벽한 때는 없다. 그럼에도 기다린다. 어려운 말을 꺼내기에 적절한 때를 기다리거나, 모든 사람이 피할 수 없는 변화라는 걸 아는데도 그걸 실행하기 위한 적절한 때를 기다린다. 유지할 수 없는 것을 버리지 않고, 유지할 수 있는 능력이 될 때까지 기다린다. 삶을 메마르게 하는 직장이지만, 경제적 고민을 하지 않게 해 주는 유산을 상속받을 때를 기다리며 버틴다. 그렇게 우리는 기다리고 기다린다. 그러나 그 사이에 변한 것은 없다. 누군가 대신 수확해 주기를 바라는 만큼 우리가 해야 할 수확은 미뤄진다. 헨리 데이비드 소로는 그 과정을 강한 어조로 말했다. "우리는 목적지로 향하는 과정을 의식하며 걸어야 한다. 어디서부터 성공이 시작될지 모르기 때문이다."

수확을 믿는 사람들에게 성공은 단지 결과를 의미하지 않는다. 그들에게 성공은 과정 그 자체다. 그래서 이루어지든 이루어지지 않든 간에 자신을 내던질 가치가 있는 목표를 갖는다. 확신할 수 없는 희미한 꿈이지만 그들은 기꺼이 그곳을 향해 나아간다. 성공은 마치 어둠 속에서 빛을 향해 도약하는 것처럼, 적절한 순간이 올 때 그 기회를 잡느냐에 달려 있다.

모두 받아들일 수 있는 여유와 너그러움

수확을 방해하는 또 다른 장애물은 과거에 집착하는 것이다. 이는 미루고 싶은 충동보다 더 강하며, 인생의 수확의 때를 즐기지 못하게 하는 큰 장애물이다. 많은 사람들이 지금의 나보다 과거의 나를 더 좋아한다. 영원한 젊음을 원하고, 청소년기의 철없는 방황이나 어린 시절의 천진난만함을 원한다. 즐거운 순간이 끝나지 않도록 시간이 멈추기를 바란다. 건강한 육체와 뜨거운 젊음을 지나 찾아오는 노쇠한 육체와 정신을 거부한다. 치열했던 시절 후에 느끼는 풍성한 만족이나 여유로움의 기쁨을 거부한다. 성장하려고 하지 않기 때문에 거두지도 않는 것이다. 변치 않는 모습을 고수하고 인생이 계속 흐르는 것을 거부한다. 결국은 노인이 되기를 거부하고, 노인을 차별한다. 노인을 차별하는 것은 언젠가는 늙을 운명에 대한 두려움일 뿐이다.

우리 사회에서는 노인을 고통스러운 사람으로 본다. 또한 나이 먹는 것을 부끄러운 쇠락으로 여긴다. 노인들에게 어떤 의견도 없고, 무언가를 할 의지도 없으며, 그들이 아무것도 하지 않은 채 비틀거리는 사람들이라고 생각한다. 노인을 보며 조소하는 젊은이나 짜증 섞인 표정으로 대하는 중년의 태도는 그들이 노인을 어떻게 생각하는지 알 수 있는 극단적인 예다. 그들은 노인이 이해력이 부족하고 삶의 기쁨이나 목적, 가치도 없다고 생각한다. 그러나 수확하는 사람들은 나이를 먹는다고 해서 삶의 가치가 줄어든다고 생각하지 않으며, 오히려 진리에 더 가까워진다는 것을 안다. 노년이 수확하는 시기이기 때문이다.

노년이 되면, 중년 시기의 추진력이었던 야망은 내적인 성취감에 자리를 양보한다. 또한 자신의 참모습을 가리기 위해 가면을 씌울 힘을 잃는다. 그러나 이해와 사랑과 같은 내적인 가치로 인해 오히려 삶이 더 풍성해진다. 더 움켜쥐려고 애쓰던 시절이 마침내 지나가면 비로소 현재에 만족할 줄 알게 된다. 그리고 지난날의 성공과 실패가 모여 지혜를 얻는다. 또한 사랑을 받는 것뿐만 아니라 주는 일도 있음을 알게 되며, 무언가를 원하는 마음은 수그러들고 부드러운 마음을 갖게 된다.

우리는 과거의 삶에서 얻은 지혜를 통해 다가올 날을 더 자유롭게 살 수 있다. 그리하여 중요한 것과 중요하지 않은 것이 무엇인지 알게 된다. 또한 자신 안에 있던 모든 생각과 관념과 믿음을 거두어들이고, 상냥하게 미소 지을 줄 알게 된다. 관념에 의해 영향을 받고 움직이는 것이 아니라 스스로 행동할 줄 아는 것이다. 그리고 더 이상 알 수 없는 것을 알려고 애쓸 필요 없이, 그저 있는 그대로 받아들이는 법을 배운다. 이제는 외모를 꾸미는 데 힘을 쓰지 않고, 마음을 풍족하게 하는 일에 힘을 기울인다. 그리하여 매일이 새롭고 자유로우며, 허비하거나 놓쳐서는 안 되는 선물이 된다.

얽매이지 않고 자유로워지는 은총의 단계

노년은 인생을 수확하는 시기다. 수확한 곡식에서 걱정과 죄의식 없이 쭉정이를 가려내는 시기다. 마침내 이때가 되어서야 우리는 그동안 자신이 했던 모든 일이 서로 조화를 이룬다는 사실을 깨닫는다. 우리는 그동안 겪었던 관계를 통해 누구도 두려워하지 않는 법을 배운다. 수많은 실패를 통해 어떤 것도 나를 무너뜨릴 수 없음을 배운다. 반복된 행운이나 실수를 통해서 스스로 어찌하지 못하는 영역이 있음을 배운다. 나이가 들어감에 따라 내일에 대한 잘못된 보상 심리에서 벗어나, 마침내 오늘을 자유롭게 살게 된다.

수확의 영성은 성공을 새롭게 정의하는 데에 있다. 거두는 것은 무언가가 충분히 자라서 완성되도록 하는 능력이다. 따라서 성공은 자신이 한 것을 혼자서 모두 이뤘다는 인식에 빠지는 것이 아니라, 끝을 잘 매듭짓고 다음 도전에 대한 각오를 다지는 것이다.

수확의 영성은 과거에 얽매이지 말고, 다가올 인생의 다음 순간을 맞이하도록 요구한다. 이러한 우리에게 필요한 것은 불완전한 현재를 충실히 살아가기 위한 은총이다.

또한 수확의 영성은 미소와 신뢰로 인생의 어려운 시기를 헤쳐나가도록 한다. 수확하는 사람은 인생의 여러 시기를 거치면서도 늘 희망을 잃지 않는다. 수확하는 이는 다시 심는 것을 멈추지 않는다. 미국의 소설가 론 허버드는 이렇게 말했다. "더 이상 노력하지 않는 것만이 유일한 실패다. 마음속의 패배를 인정하는 것만이 유일한 패배다. 흐려진 목표만이 극복할 수 없는 유일한 장벽이다."

수확하는 사람은 언제 완성된다는 보장도 없이 새벽부터 밤까지 지칠 줄 모르고 일한다. 그들은 수확하는 삶의 가치를 확신하고, 자신들이 하는 모든 일을 수확하는 마음으로 한다. 또한 자신들보다 앞서 거둔 사람들의 도움을 받았기에 그들 또한 뒤에 오는 이들을 돕는다. 그들은 이렇게 말한다. "절대 포기하지 마세요. 한순간도 멈추지 마세요. 인생의 단 한순간이라도 방치하거나 소홀히 하는 일이 없도록 하세요. 매순간 꽉 찬 삶을 살아가십시오."

무엇을 하든 그것을 놓치지 않는 것이 수확하는 사람의 자세다.

울 때

"감정이 없는 강함은 가짜다."

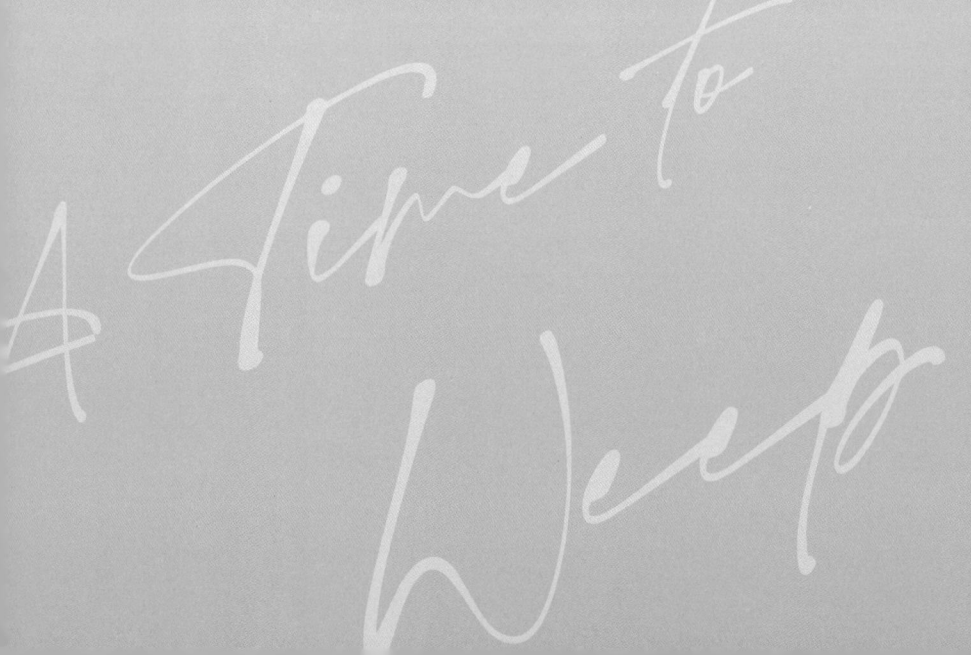

우는 법을 모르는 사람들

'울 때'라는 말이 마음에 와 닿지 않을 수 있다. 과연 지금이 울 때일까?

지금은 좋은 때다. 자신의 삶을 온전히 즐기며 하고 싶은 것을 다 누리는 시대이기 때문이다. 언제든 취하고 싶은 대로 술을 마실 수 있으며, 언제든 원하는 곳으로 여행을 떠날 수 있다. 이러한 시대에서는 고통이 설 자리가 없어 보인다. 그러나 겉모습에 속아서는 안 된다.

오늘날의 사람들은 자신의 정신을 무감각하게 하는 요령을 터득한 모양이다. 무슨 수를 써서라도 자신의 고통과 불행뿐만 아니라 다른 사람들의 고통과 불행도 회피한다. 사람들은 고통을 정면으로 바라보지 않고 고개를 살짝 돌린다. 이들은 자신의 고통을 없애는 일에 몰두하고 다른 모든 고통을 혐오한다. 그럼에도 불구하고 고통은 찾아온다.

그토록 필사적으로 고통을 피해도 눈물은 떨어진다. 젖과 꿀이 흐르는 이 땅에서 우는 소리와 울부짖는 소리가 온 사방에서 들린다. 그저 인간으로서 기본적으로 가져야 할 것을 바랐지만 가지지 못한 빈곤하고 힘없는 사람들, 자신들이 저지른 일을 감당하지 못해 후회하는 사람들, 살아야 할 이유가 전혀 없다고 느끼는 병들고 외로운 사람들, 이유 없이 고통받고 학대받는 사람들, 모든 것을 가졌지만 어떤 것에도 만족하지 못하는 특권층과 부유층의 사람들. 이 모든 이의 울음소리가 끊이지 않는다.

안타깝게도 우는 것을 영적 선물이나 하느님의 계획으로 보는 사람은 거의 없다. 하지만 우리는 이것을 알아야 한다. 우는 것은 매우 신성하며 생명을 품는 일이다. 또한 사회에 대한 경고이자 발전을 위한 신호다.

나는 이 구절이 코헬렛에서 가장 와 닿고, 깊이 공감이 간다. 우리에게는 분명 울 때가 있다. 잘 울지 못하는 사람은, 주위의 사람들을 이해하지 못한다. 다른 사람들과의 관계 안에서 울지 못하는 사람은, 인간적인 사람이 되지 못한다.

눈물의 신호

울음을 참아서는 안 된다. 우리는 자신을 잃지 않기 위해, 악에 물들지 않고 대항하기 위해, 정의와 기쁨을 위한 노력을 멈추지 않기 위해 세상의 악과 고통 속에서 울부짖어야 한다. 우리가 울지 않으면 오히려 인류를 팔아넘기는 꼴이 된다. 미국의 자선가 존 템플턴은 "우리가 더 나은 사람이었다면 더 자주, 더 많이 분노했을 것이다."라고 말했다. 우리가 분노와 환멸의 눈물을 흘리면, 우리는 이전보다 더 인간답게 된다.

고통을 직시하지 않거나 느끼지 않으려고 하면, 스스로 마음의 문을 닫고 미래를 보는 눈을 감고 환상에 빠지는 것이다. 환상에 빠진 사람은 현실을 제대로 보지 못한다. 세계적인 기아와 빈곤은 슬프지만 어디서나 흔한 일이라고 말하는 것이 맞을까? 성차별은 유감스럽지만 나름대로 필요하다고 말하는 것이 옳을까? 전쟁은 비참하지만 인간의 역사에 본질적인 요소라고 말하는 것이 인간적일까? 자신에게 깊은 상처와 쓰라린 실패, 처참한 상실감이 없다고 말하는 사람은 건강하지 않다. 오히려 그런 감정을 인정하고, 그 감정 때문에 흘리는 좌절의 눈물이 건강한 정신과 가치 있는 삶을 향해 내딛는 첫걸음이다.

자신의 삶에 대해 어떻게 생각하는지 가장 잘 보여 주는 지표가 바로 우는 것이다. 무엇을 보고 우는지를 살펴보면 그 사람의 마음을 알 수 있다. 무엇을 보고 우는지에 따라 다른 사람이 그에게 무엇을 기대하는지 드러난다. 예수님은 예루살렘을 보고 우셨고, 그런 예수님께 세상의 죽음이 드리웠다. 예루살렘이 변화될 수 없을지라도, 예루살렘을 변화시키기 위해 당신 안의 모든 힘을 동원하여 불꽃을 피우며 죽음 앞에서도 담대했던 예수님이, 예루살렘을 보고 우셨다. 눈물은 슬픔 그 이상의 것이다.

슬픔은 영혼 한가운데에 고통을 준다. 그리고 우리를 짓누르며 마음을 무겁게 만들어 그 안에 갇히게 한다. 그러나 눈물은 그 한 사람만의 것이 아니다. 눈물은 우리 모두의 관심을 요구하며, 사회를 변하게 한다. 또한 하나가 될 수 없고, 회복될 수 없었던 관계라도 서로를 돌아보게 한다. 눈물은 우리가 과거에 그토록 무신경하게 대했던 관계가 위험에 처해 있음을 경고한다.

　이유가 무엇이든 간에 우는 것은 삶에서 무언가가 변해야 한다는 신호다. 영국의 존 틸로트슨 대주교는 이렇게 말했다. "고통 그 자체는 악일지 몰라도, 우리에게는 선한 것이 될 수 있다. 왜냐하면 고통으로 인해 우리의 병을 발견하고, 치료할 수 있기 때문이다." 눈물이 없으면 고통을 직시할 수 없고, 치유의 희망도 사라진다.

영혼을 새롭게 하는 힘

　눈물은 인간이 살면서 표현하는 모든 감정 중에서 가장 다양한 기능을 가지고 있다. 우리가 흘리는 눈물은 우리의 가장 깊은 내면의 모습을 보여 준다. 또한 우리 내면의 모습을 다른 사람들에게도 드러낸다. 우리가 무언가를 보고 운다면 그것에 관심이 있다는 뜻이다. 관심이 없는 것은 우리의 눈물을 자아내지 못하니까 말이다.

　눈물 없이는 자신을 인식하지 못한다. 우리는 웃음과 눈물이 같은 곳에서 온다는 것을 너무 늦게 배운다. 우리는 인생에서 잃은 모든 것에 대해 우는 것이 아니라, 가장 큰 기쁨을 주었던 것들을 잃었을 때에만 운다. 이처럼 슬픔은 인생에서 우리가 진정으로 사랑하는 것이 무엇인지 알게 한다. 예를 들어 다투고 나서 흘리는 눈물은 다툼의 본질을 드러낸다. 그리고 그 원인에 따라 관계가 회복될 수 있는지 알게 한다.

사람들이 자신의 고통을 부정하는 이유는 충분히 울지 않기 때문이다. "강해져야 해.", "용기를 잃지 말아야 해." 하고 말하는 것은 피할 수 없는 것을 피하려 하고, 죽을 때까지 자신의 삶에 대해 거짓말을 하기 위한 변명이기도 하다. 그러나 그렇게 살면 빈껍데기만 남아 진솔한 삶이 어떤 것인지 제대로 알지 못하게 된다. 우리의 눈물은 적어도 자신의 고통스러운 마음속에서나마 우리가 솔직할 수 있게 해 준다.

눈물은 상실뿐만 아니라 변화도 암시한다. 상실과 변화를 혼동하고 같은 뜻으로 생각하는 사람도 있을 것이다. 인생에서 놓는 법을 배우려면 큰 믿음과 용기, 그리고 진실한 마음이 필요하다. 그러나 우리가 인생의 전환점에 있다는 것을 깨달으려면 훨씬 더 많은 것을 버려야 한다.

현재는 막막하고 미래는 불투명할 때, 눈물이 현재와 미래 사이에 있는 전환점에서 윤활유 역할을 한다. 눈물이 우리를 상실에서 변화로 이끄는 것이다. 눈물이 없으면 우리는 되돌릴 수 없는 지나간 과거에 매달릴 것이다. 눈물은 상실의 고통에 새 생명을 준다. 상실로 인해 눈물을 흘리면 새로운 시작을 알리는 변화가 일어난다. 그러나 눈물 없는 상실은 거짓이기에 변화는 시작되지도 않는다.

눈물은 우리를 과거에서 해방시킨다. 코헬렛은 우는 것이 해방의 길임을 알았다. 눈물을 쏟아 낼 때 우리를 괴롭히며 억압했던 것이 힘을 잃는다. 오랜 시간 억압되고 마비되었던 것에 눈물이 닿아 부드러워지고, 눈에 보이지 않던 사슬이 풀려 우리의 마음을 더 이상 옥죄지 않는다. 즉 눈물을 흘리면 슬퍼하지 못하고 묻어 두었던 삶의 응어리가 마침내 풀리게 된다. 슬픔의 눈물 속에서 상실의 통증도 사라진다. 눈물은 삶에 막힌 곳을 뚫어, 우리의 영혼이 새롭게 펼쳐지는 삶으로 흘러가도록 힘을 준다.

눈물의 은총

우리의 마음에 남은 상처에 대해서 울지 않으면, 그 상처를 똑바로 보지 않으면, 결코 그 상처는 아물지 않는다. 인간은 눈물을 흘리며 성장한다. 그렇지 않으면 우리가 어떻게 인생의 한 단계에서 다음 단계로 옮겨 갈 수 있으며, 우리가 가는 길을 알 수 있을까? 아마 인생의 각 교차로에서 우리가 흘리는 눈물이 인생의 가치를 판단하는 척도가 될 것이다.

만약 자신의 삶을 이해하려고 한다면, 두 가지 질문에 답을 해야 한다. 첫 번째 질문은 우리가 눈물을 흘리지 않고 무신경하게 살았던 과거가 가치가 있었던 것인지다. 즉 우리가 살아온 인생의 무게를 묻는 것이다. 두 번째 질문은 지나온 시간에서 삶을 계속 살아가고 싶게끔 하는 요소를 찾았는지다.

과거의 사람들은 자신의 죄를 애통해하는 데서 오는 '눈물의 은총'에 관해 자주 이야기했다. 그러나 요즘 시대에는 죄에 대해서 이야기하는 것을 꺼리며, 거기에서 오는 슬픔에 대해서는 더 낯설어 한다. 현대의 그리스도교에 관한 연구들을 보면 많은 사람들이 "나는 죄를 짓지 않는다. 다만 실수를 할 뿐이다."라고 말하는 것을 알 수 있다. 또한 이렇게 주장하기도 한다. "내 잘못이나 다른 사람에게 입힌 손해 때문에 슬퍼할 필요는 없다. 애석하기는 하지만 그것은 내가 통제할 수 있는 범위를 넘어서는 것이기 때문이다." 이와 같은 사고방식 때문에 우리는 스스로의 행동에 관심도 없고, 책임도 지지 않으며 실수에 실수를 거듭한다. 그 결과 자신의 삶을 인지하지 못하고 자신을 되돌아보지 못함으로써 자신을 점점 더 작은 세계에 가둔다. 더 의미 있는 삶으로의 초대를 거부한 채, 스스로 갇힌 세상에서 보람도 의미도 없이 산다. 그리고 이러한 비도덕적인 자신의 행동이 다른 사람에게도 부정적인 영향을 끼친다는 사실도 무시한다.

'눈물의 은총'은, 자유라는 명목으로 자신의 몸과 마음에 했던 행동, 다른 사람을 포함한 모든 피조물에 했던 행동에 주의를 기울이는, 자신과의 약속이다. 눈물은 우리가 자신을 직시하게 할 뿐만 아니라 다른 사람도 직시하게 한다. 그래서 자신의 고통에 눈물을 흘릴 줄 알면, 다른 이의 고통을 보듬을 수 있는 인간적인 사람이 된다. 또한 우는 것을 두려워하지 않음으로써 강해진다. 감정이 없는 강함은 가짜다. 슬픔과 고통을 넘어설 때 진정한 강함을 얻게 된다. 오직 눈물만이 모든 것을 잠시 멈추고 삶 한가운데서 자신의 모습을 성찰하도록 할 수 있다.

거짓된 관념

그럼에도 이러한 눈물을 막는 장애물이 있다. 바로 많은 양의 눈물로도 적실 수 없을 만큼 바싹 마른 삭막한 마음과 무감각한 영혼이다. 자신의 약함을 오만으로 덮어서 숨기는 사람, 감정을 멀리하는 것을 경건함이라고 말하는 사람, 감정을 비웃고 이성을 신봉하는 사람은 너무 깊은 곳까지 메말라 있어서 울지 못한다. 이들의 마음속은 먼지로 가득 차 있다. 그들은 자신의 내면에도, 다른 사람의 필요에도 관심을 갖지 않는다. 삭막한 마음을 가진 사람들은 '감정이 없는 것이 강함이다.'라는 거짓된 관념으로 인간적인 마음을 비웃는다.

한 기자가 걸프 전쟁에 참전한 젊은 조종사에게 물었다.
"오늘 비행은 어땠습니까?"
그는 카메라를 보며 상기되어 말했다.
"환상적이었습니다. 상대가 안 되는 싸움이었습니다! 달아나는 적군을 모두 쓰러트렸거든요!"

이 젊은 조종사에게는 도망치는 적군을 향해 무자비한 폭격을 퍼붓는 일은 아무것도 아니었다. 그것은 남자다움이었고, 애국이었다. 그의 마음은 매우 삭막했고, 그의 행동에는 눈물이 단 한 방울도 없었다.

한편, 성경을 보면 예수님이 눈물을 흘리신 이야기가 있다. "예루살렘아! 예루살렘아! 나는 어미가 자식을 보고 울 듯 너를 보고 울었다."(마태 23,37 참조) 예수님에게서는 거짓된 모습을 찾아볼 수 없다.

감정에 깊이가 없으면 울지 못한다. 아직 슬픔에 대한 감정이 깊이 형성되지 않은 일부 젊은 세대는 비극과 고통과 절망을 쉽게 비웃는다. 반면에 노련해 보이는 일부 중년 세대들은 스트레스나 부담감의 고통을 받지 않는 것처럼 보이기도 한다. 그러나 이는 자신의 삶을 바꿀 수 있는 진실한 감정에 솔직하지도 못하고, 관심을 두지 않기 때문이다. 이들은 일에 대한 조급한 마음에 울 수는 있어도, 고통을 느껴 눈물을 흘리지는 않는다. 그들은 많은 고통을 느끼지 않지만, 성장하지도 못한다. 간절함과 깊이가 없으면 영혼은 병든다. 그러면 인생을 즐기는 것은 고사하고 인생을 이해할 수 없게 된다. 울지 않는 사람은 진정으로 웃을 줄도 모르기 때문이다.

한편 모든 사람의 눈물이 값싼 슬픔으로 느껴질 정도로 우는 소리를 하는 사람들이 있다. 자기 연민에 빠진 사람은, 자신의 모든 것이 말할 수 없이 절망스럽다고 느낀다. 그러면서 정작 울어야 할 때에는 진정한 눈물을 흘릴 줄 모른다. 모든 것이 다 끔찍해 보여서 각각의 의미를 알아채지 못하기 때문이다.

이 세상에는 완벽한 것이 없음에도 불구하고 그들은 스스로 완벽해지려고 한다. 그러니 모든 일에 우는 소리를 할 수밖에 없고, 인생이 아름답다고 느껴지지 않는 것이다. 그들의 삶에는 진실한 울음은 없고 자신에 대한 불평과 다른 사람에 대한 비난만 있을 뿐이다.

울음의 영성

우리는 울음의 영성을 통해 더 큰 삶을 경험하고, 숨어 있는 다양한 능력을 발견한다. 의로운 분노를 아는 사람은 세상의 상처를 보고 우는 것이 무엇인지 안다. 겸손하게 자기비판을 하는 사람은 자기 자신을 실망시키는 고통이 무엇인지 알며, 눈물이 자신을 정화시켜 더 높은 곳으로 올라가게 한다는 것을 안다. 자기 자신에게 솔직한 사람들은 고통이 찾아와도 겁내지 않는다.

울음의 영성이 있는 사람들은 자기 자신을 솔직하게 평가한다. 그래서 작은 성취에 감사하고 만족할 줄 알며, 잃은 것에 집착하지 않는다. 그들은 사막에서 물을 찾듯이 정의와 기쁨을 갈망하는 마음으로 변화를 추구하며 한순간 한순간을 살아간다.

유다인들이 모여 사는 마을에 끔찍한 병으로 고통을 받던 한 남자가 있었다. 그는 랍비에게 자신의 고통이 율법을 배우고 기도하는 것을 방해한다고 불평했다. 그러자 랍비가 그에게 말했다.

"이보게, 자네는 하느님이 자네의 배움과 고통 중에 무엇을 원하시는지 어떻게 아는가?"

이에 대한 대답은 운다는 것의 의미를 아는지 모르는지에 달려 있다.

삼갈 때

"본질적인 자유는 무언가를 할 수 있는 자유보다
무언가를 하지 않을 자유다."

인간을 못살게 구는 신

내가 열 살 때, 성당에 걸린 에덴동산에 관한 그림을 보고 '잔인한 장난'이라는 생각이 들었던 적이 있다. 내가 보기에 하느님은 천국에 사람을 가두고 그들 앞에 제일 좋은 과일을 두지만, 맛은 보지 못하게 괴롭히는 신 같았기 때문이다. '사람들이 그 열매를 먹지 않기를 원하면서 애초에 그것을 왜 거기에 두었을까?' 사람을 감질나게 하려던 것이 아니라면, 함정에 빠뜨리려고 했던 것이 아니라면 왜 그랬을까 하는 의문이 들었다. 그러면서 자연스레 이런 생각도 들었다. '과연 이런 하느님을 믿을 수 있을까?'

아이들의 이런 생각이 어른들의 마음을 불편하게 만들 수 있다. 오늘날의 종교 교육의 문제점과 영성 생활에 관한 실질적인 질문에 핵심을 집어냈기 때문이다. 아이들은 이 궁금증에 관해 어떤 이야기도 들어 본 적이 없기 때문에 자유롭고 더 명료하게 생각할 수 있다. 그러나 오랜 기간 교육을 받은 후에 이런 생각을 하려면 용기가 필요하다. 이러한 용기를 낼 만큼 자유로워지려면 또다시 어느 정도의 나이를 먹어야 한다. 안타까운 사실이지만, 어른들의 간섭을 받아 어린 시절의 궁금증과 질문에 기계적으로 외운 대답은 선악과에 대한 이해에 영향을 준다. 어른들의 간섭이 없었다면 더 올바르게 이해했을지도 모르는데 말이다.

만약 에덴동산에 선악과를 만들어 두고 먹지 말라고 하신 하느님과, 시나이 산에서 백성들을 남겨 두고 모세와 함께 오랫동안 나타나지 않는 하느님에 대해서 궁금증이 떠올랐을 때, 그 이유를 조금 더 오래, 조금 더 깊이 고민했다면 어땠을까? 그렇다면 아마 인간이 멸망의 길에 빠지기 전에 생명의 길을 가르쳐 주려는 하느님의 마음을 알았을 것이다. 에덴동산의 이야기는 하느님이 우리를 약 올리는 것도, 함정에 빠뜨리려는 것도 아니다. 우리가 자신에게서 스스로 벗어나도록 가르치시는 것이다. 또한 그분은 시나이 산에서 다시 한 번

가르치신다. 하느님의 기적을 보고도 금세 잊어버리고, 만족하지 못하는 우리 안의 욕구를 조심하라고 경고하신다.

선한 것을 악하게 만드는 인간

코헬렛은 이러한 하느님의 가르침을 깨달으라고, 곧 '삼갈 때'가 있음을 기억하라고 경고한다. 우리에게 금지된 것은 우리를 자유롭게 하는 것임을 이해해야 한다. 우리에겐 신이 아닌 것을 신으로 만드는 습관이 있다. 그래서 자신의 생각을 숭배하고, 모든 욕정을 당연한 것으로 여기며 즐긴다. 또한 주위의 모든 것을 파괴하며, 원하는 모든 것을 충족시키려고 한다. 우리 스스로 노예가 되는 것이다. 우리는 이미 에덴동산에서 잘못된 행동에 대해 경고를 받았고, 시나이 산에서는 어떻게 행동해야 하는지 들었다. 하지만 우리는 여전히 선악과를 따 먹음으로써 힘든 길을 자초한다.

그러나 성경은 사람의 욕구에 따라 행동하는 것이 겉으로 보기에 만족스러워 보이고 좋아 보여도, 그 껍질 안에는 불만족의 씨앗이 있음을 계속해서 이야기한다. 우리 눈에 좋아 보이는 것이 모두 좋은 것은 아니다.

우리가 원하는 것을 갖지 못한다 해서 인생의 가장 큰 시련이 온 게 아니다. 우리는 그것 없이도 살아갈 수 있다는 사실을 이미 알고 있다. 오히려 인생의 가장 큰 어려움은 우리가 바라는 것을 얻었을 때 온다. 우리가 원하는 것을 얻었을 때, 그것을 즐기기 위해서는 거기에 몰두하는 것만큼이나 절제도 중요하다는 것을 알게 된다.

좋은 것도 과하면 좋지 않다. 초콜릿이 맛있어도 너무 많이 먹으면 질린다. 신뢰는 좋지만 의존은 좋지 않다. 의욕은 좋지만 강요는 좋지 않다. 우리가 좋은 것 안에서 좋은 점만 보려고 할 때 문제가 생긴다. 모델은 직업상 몸매를 관리하는 게 좋다. 그러나 그 때문에 영양 섭취에 어려움을 겪는다면 아름다움의 어두운 면을 생각하지 않은 것이다. 사회 복지사가 다른 사람들을 상대하느라 힘이 빠져 자신의 가족을 등한시한다면, 나중에는 자신이 하는 일의 의미를 잃게 된다. 건강한 몸을 위한 노력은 아름답지만, 몸무게에 대한 지나친 집착은 전혀 아름답지 않다. 다른 사람들에 대한 관심은 따뜻하지만, 자신의 가족에게 무관심한 태도는 악이나 다름없다. 겉보기에는 우리의 바람이 바람직해 보일 수 있지만, 그 안을 자세히 살펴보면 바람직하지 않은 무언가가 자리할 때가 있다. 건강한 몸매를 원했던 모델은 영원히 늙지 않는 젊음을 원했을 수 있고, 자기 일에 최선을 다한 사회 복지사는 건강한 가족보다 개인적인 성취감이나 자기 자신만을 중요하게 생각했을 수 있다.

인간은 좋은 것을 더 과장하여 신으로 만드는 잘못된 성향이 있다. 우리는 좋은 것의 매력에 빠져 그것을 왜곡하고 부풀린다. 그리하여 선을 악으로 바꾸어 놓는 지경에 이른다. 이것이 좋은 것도 절제하고 삼가야 하는 이유다. 균형 감각을 잃고, 과장하고 왜곡하다 보면 결국 실패하게 된다. 정상에 올라 탈진으로 죽는 산악인처럼, 우리가 좋아하는 것 때문에 위험에 처할 수 있다. 그것이 왜곡되었음을 알리는 우리 안의 신호를 무시했기 때문이다.

무언가를 하지 않을 자유

독일의 시인 라이너 마리아 릴케는 "우리의 마음은 항상 우리 자신을 넘어서 버린다."라고 말했다. 우리는 우리가 가진 능력보다 더 빨리 달린다. 감당할 수 있는 것보다 더 많은 것을 말한다. 사탕 가게에서 손에 닿는 모든 사탕을 주머니에 챙겨 입에 왕창 넣고선 왜 맛이 느껴지지 않는지, 그 맛있던 사탕이 왜 맛이 없는지 의아해한다. 우리는 좋은 것을 포식한다. 그러나 좋은 것도 지나치게 섭취하면 해가 된다.

요즘에는 성인들을 예찬하고 존경하는 문화를 찾기 어렵다. 오늘날에는 성스러움, 자비, 선행이 극기를 의미하면, 사람들은 거들떠보지도 않는다. 우리는 세상의 좋은 것을 포기하는 사람들을 본받지 않는다. 내려놓음의 가치를 따르기보다는 모으는 일에 지나치게 집착한다. 세상의 좋은 것을 절제하는 사람들을 칭찬하지 않는다. 소비에 열중하는 사회에서 검소한 생활은 더 이상 미덕이 아니다. 사람들은 앞에 있는 것을 갖지 않을 이유가 뭐냐고 물으며, 절제하는 사람을 신경과민이라고 하거나 쓸데없이 참는다고 지적한다.

이러한 사회에서 주시해야 할 사람들이 있다. 과거의 성인들이 영향을 주었듯이, 오늘날의 많은 사람들이 이들에게 영향을 받을 수 있기 때문이다. 이들은 모든 것을 가지고도 더 많은 것을 갖기 위해 이곳저곳을 목적 없이 방황하는 사람들이다. 그들은 방탕하고, 혼란스러우며, 따분해하고, 안절부절 못하는 자신을 방황의 끝에서 발견하고 나서야, 좋은 것이 너무 많으면 박탈감만큼이나 인간의 영혼에 해가 된다는 것을 깨닫는다.

그때서야 그들은 자신에게 삼가는 능력이 가장 필요함을 이해한다. 시나이 산에서 하느님의 현존을 의식한 모세는 그 순간에 완전히 몰입할 수 있었다. 우리가 하느님의 현존을 다른 것으로 채우려고 한다면, 절대 불가능할 것이다. 그저 자신을 허비할 뿐이다.

우리가 여기서 살펴봐야 할 영적인 과제는, 자신 안에 있는 선을 가장한 욕망을 주의 깊게 살피는 것이다. 균형 잡힌 삶을 살려고 한다면 절제하지 못하는 것이 무엇인지 자문해야 한다. 우리가 세상의 좋은 것을 절제한다면, 어떤 이익이 있을까?

인생의 목표는 완벽함이 아니라 선함이다. 완벽해지는 것과 선해지는 것은 완전히 다른 문제다. 완벽함을 목표로 하면, 첫째가 되고, 최고가 되고, 자기 자신만을 위한 무대를 갖도록 스스로를 다그친다. 완벽함은 많은 전쟁을 일으키고, 많은 사람들을 죽이고, 많은 사람들이 자살하게 만든다. 반면에 선함을 목표로 하면 시작부터 그 한계를 인지한다. 오류를 범하기 쉽다는 의식을 갖고 세상을 조심스럽고 너그럽게 산다. 인내를 키우고, 거짓말을 하지 않고, 깊이 사랑한다. 그러면서도 자주 실패하지만, 결국에는 절제가 어떤 것인지 깨닫게 된다. 그리하여 우리를 노예로 만드는 마음속의 어둠에 흔들리지 않는다. 선함은 모든 것을 해내려 하지 않고 무엇이 됐든 즐겁게 하는 것에 만족한다.

미국의 사회 철학자 에릭 호퍼는 이렇게 말했다. "본질적인 자유는 무언가를 할 수 있는 자유보다 무언가를 하지 않을 자유다." 여기에서 우리는 자신이 진정으로 추구하는 것이 무엇인지 알아야 한다. 삶의 목표를 추구하는 데 하지 않을 자유가 있음을 인식하면, 지금 하는 일이 진정 자신이 원하는 것인지 판단할 수 있게 된다. 아무리 좋은 것이라도 삶의 다른 부분을 뒤틀리게 만들 수 있다면, 그것을 하지 않을 자유가 있어야 한다. 초과 근무를 하지 않을 자유, 과식하지 않을 자유, 과장하지 않을 자유, 지나치게 조절하지 않을 자유가 있어야 한다. 절제의 자유는 좋은 삶을 살 수 있는 진정한 비법이 된다.

과거를 돌이켜 보면 우리가 균형 잡힌 삶을 살지 못했다는 사실을 깨달을 수 있다. 지나쳤던 모습을 인정할 수 있는 것이다. 누군가에게 푹 빠져 자신이 할 일을 하지 않았던 때, 가족이나 친구와의 관계보다는 자동차나 옷을 더 중요하게 생각했던 때가 있을 것이다. 그뿐만 아니라 지금도 시간을 계속 낭비한다는 것을 알기에 좌절하기도 한다. 로마의 철학자 에픽테토스는 "자기 자신의 주인이 자기가 아닌 사람은 자유롭지 못하다."라고 말했다.

스스로 무너트리는 자신의 목표

그럼에도 우리는 쉽게 변하지 않는다. 마음의 자유가 정신건강과 행복에 중요할지라도 그것을 가로막는 장애물이 있기 때문이다. 첫째는 우리의 삶에서 부족한 것이 무엇인지 물을 때 내면의 대답을 듣는 법을 모르기 때문이고, 둘째는 자기비판을 고통스러운 것으로 생각하기 때문이다. 셋째는 세상의 다수가 말하는 것이 옳다고 여기기 때문이다.

어떤 사람이 일주일에 80시간을 일해서 연이은 프로젝트를 완수한 후에 행복한 마음이 들지 않는다면, 그에게 부족한 것은 성취감이 아니다. 그에게 필요한 것은, 휴식이나 가족이나 친구와 함께하는 시간 또는 창의성을 발휘할 수 있는 일이다. 자신에게 부족한 것을 다른 것으로 채울 수 없다는 사실을 우리는 깨달아야 한다.

현재 자신의 삶을 꼼꼼하게 돌아보지 않으면, 절제할 필요가 있는 것이 무엇인지도 모른다. 계속해서 무언가를 놓쳐서 귀한 순간들을 잃어버릴 것이다. 자신의 목표를 찬찬히 들여다보고 다른 것들을 무너트리고 있지는 않은지 주시해야 한다. 더 나아가 인생의 목표처럼 중요하고 가치 있는 것을 희생하면서까지 하고 싶지 않은 일을 계속하는 이유를 알아야 한다.

인생의 기반이 되는 부분에 대해 질문을 하지 않으면, 무엇이 잘못된 것인지 밝혀낼 수가 없다. 그저 남들보다 더 많이 갖기 위해 더 많은 돈을 벌려고 밤낮으로 일하는 것은 잘못된 모습이다. 누가 그렇게 말했는지, 자신의 마음속에 자리하고 있는 그 목표가 누구에게 이익이 되는지 자문해야 한다.

우리가 가만히 있을 때에도 태양은 계속 빛나고, 풀은 계속 자란다. 우리가 무엇을 하든 안 하든 우리와 상관없이 계속 흐르는 것이 인생이다. 인생에는 우리가 전혀 관여할 수 없는 것이 있다는 이야기다. 우리는 신이 아니다. 우리는 우리가 할 수 있는 만큼만 할 수 있다. 우리는 무언가를 취했을 때 그것 말고는 아무것도 남지 않는 일을 삼가야 한다.

   절제의 영성은 균형의 영성이다. 균형은 삶의 굴곡을 메워 살 만하게 만든다. 거기에서 우리는 행복을 느낄 수 있다. 우리는 선악과를 먹을 필요가 없었다. 그러나 우리는 그것을 먹었고 지금도 그러고 있다. 그러한 행동 때문에 우리는 여전히 고통받고 있다. 그리스 철학자 소크라테스는 "우리가 더 적게 원할수록 신을 더 닮아 간다."라고 말했다. 소크라테스의 이 말을 생각하며 에덴동산과 시나이 산의 이야기를 다시 한번 묵상해 보자.

얻을 때

"우리는 일을 통해 세상과 연결되고,
특별한 방법으로 하느님과 삶을 나눈다."

제자들이 스승인 랍비에게 물었다.

"저희는 엘리야에 관한 책에서 그가 '모든 이스라엘 민족은 자신이 아브라함과 이사악과 야곱처럼 살고 있는지 자문해야 한다.'라고 한 내용을 보았습니다. 저희가 이것을 어떻게 이해해야 합니까? 우리가 그들처럼 할 수 있다고 감히 어떻게 생각할 수 있겠습니까?"

그러자 랍비가 대답했다.

"우리의 선조들이 각자 나름대로의 특성에 따라 서로 다른 방식으로 민족에게 헌신했듯이, 우리도 각자 자신만의 방식으로 이 시대에 필요한 것을 생각하고 새로운 방식으로 행하면 된다."

존재하는 이유

　이 이야기는 우리가 성공해야 한다는 부담감을 내려놓고, 각자의 역할에서 창조적인 자세로 임해야 함을 의미한다. 우리가 할 수 있는 것보다 더 많은 것을 할 필요는 없다. 또한 우리가 아닌 다른 누군가가 될 필요도 없다. 그저 우리는 자기 자신의 모습을 지키면서 이 시대에 가치 있는 일을 하면 된다. 모든 사람이 저마다 자신만의 모습을 가지고 살아간다면, 그것만으로도 이 세상에 존재해야 할 이유가 생기는 것이다. 그러면 우리의 존재가 이 세상에 이익이 되고, 꼭 필요한 사람이 되는 것이다.

　창조는 나와 당신 그리고 모든 사람에게 해당되는 이야기다. 세상에 대한 우리의 책임은 지금도 계속된다. 인생은 여행이 아니라 지금까지 이어져 온 인간의 역할을 하는 것이다. 적어도 세상을 완성하기 위한 길에 한 걸음을 더하는 것이다. 우리는 세상의 부족한 점에 관해 철학적으로 이야기만 하는 것에 머무르지 말고 그것을 실천해야 한다. 인생은 무언가를 하는 것이다. 그러지 않으면 왜 태어났겠는가?

　코헬렛에 나오는 '얻을 때'를 더 명확하게 보여 주는 이야기가 있다.

어부들이 밤새 무거운 그물을 던졌지만 계속해서 허탕만 쳤다. 물고기를 잡는 데 전문가인 그들이 물고기가 있을 것이라고 예상했던 곳에는 단 한 마리도 없었다.

그런데 누군가 와서 다른 곳에 그물을 던져 보라고 했다. 어부들은 그 말을 듣고 마지막으로 온 힘을 다해 그물을 던졌다. 자신들의 경험이나 지식을 내세우지 않았고, 물고기를 잡는 일도 포기하지 않았다. 그러자 그물이 찢어질 만큼 매우 많은 물고기를 잡았다. 다른 배에 있는 동료들을 불러야 할 정도였다(루카 5,2-7 참조).

그들은 포기하지 않았고, 다른 방법으로 시도했기 때문에 넘치는 것을 얻었다. 자신들의 삶에 꾸준한 노력과 창조적인 시도를 더했고, 비로소 결실을 얻은 것이다.

중요한 것은 개인적인 자아실현과 이익이 아니라 공동의 노력과 보편적 이익이다. 어부들이 자신의 경험을 주장했다면, 서로의 피곤함을 핑계로 더 이상 손해를 보지 않으려 했다면, 그러한 결실은 없었을 것이다. 그러므로 우리는 각자 자신을 위해 일하는 것도 아니며, 무가치한 것을 위해 일하는 것이 아님을 알아야 한다. 우리는 다른 사람들이 부족하지 않도록, 다음 세대가 결실을 얻을 수 있도록 일하는 것이다. 이것이 바로 일을 하면서 세상을 만드는 공동 창조에 참여하는 것이다. 그래서 우리는 각자의 시대에서 저마다의 새로운 방법으로 성실하게 일해야 한다.

코헬렛은 이것에 관해 명확하게 말했다. "얻을 때가 있다." 곧 우리가 가장 좋은 세상을 만들기 위해 저마다 가지고 있는 가장 좋은 것을 찾고, 그것으로 결실을 맺을 때가 온다.

의미와 목표에 대한 망각

오늘날 세계는 일을 경시하는 경향이 만연해 있다. 사람들은 일 자체를 위해 일하지 않고, 그저 돈을 벌기 위한 수단으로 일을 한다. 사람들은 지금 하는 일을 그만두고 다른 일을 하기 위해 일한다. 자아실현에 대한 창조적인 노력이 아니라 경제적 필요 때문에 일한다. 자신들에게 아무 의미도 없는 일을 한다. 이에 따라 일과 생활이 자연스럽게 분리된다. 결국 우리는 일을 만족감을 주고 생명을 주는 것이 아니라 어쩔 수 없이, 해야 하기 때문에 하는 것으로 여긴다. 그러니 인류의 발전과 이익을 위해 일하는 것은 상상할 수도 없다. 참으로 슬픈 현실이다.

 물론 이렇게 살아도 살 수는 있다. 그러나 이렇게 산다면 우리가 앓고 있는 도덕적 정신 분열증을 결코 깨닫지 못한다. 우리는 사람들이 무기 공장에서 일하면서 자신들이 하는 일이 불러올 여파에 대해 눈곱만큼도 죄책감을 느끼지 않는 세상에서 살고 있다. 사람들은 자신이 일하는 기업이 강과 바다에 화학 폐기물을 버려도 신경쓰지 않는다. 담배를 선전하고, 사람들이 술을 마시도록 부추기고, 거짓 광고로 농락하고도 그러한 사실에 움찔하지 않는다. 아프지도 않으면서 거짓으로 병가를 내고, 일을 대충하고도 찜찜해하지 않고, 오전 근무 시간을 긴 커피 타임으로 보내면서 별생각 없이 급료를 받는다. 이렇게 점점 삶과 일이 분리된다. 그리고 시간이 지난 후에 자신의 삶에 어떤 의미가 있는지 몰라 허무해한다. 영국의 시인 월터 스콧은 이렇게 말했다. "우리는 눈으로 조각상을 만들고선 그것이 녹는 것을 보고 운다."

"나는 무엇을 하고 있고, 왜 그것을 하는가?", "내가 하는 일이 누구에게 이익이 되고 누구에게 이익이 되지 않는가?", "이 일이 하느님의 나라가 오는 일에 도움이 되는가?" 이러한 질문을 하는 것만으로도 세상을 변화시킬 수 있다. 우리가 스스로에게 이렇게 자문해 봄으로써 자신의 소명과 의미에 관한 문제를 다시 바라볼 수 있다. 또한 삶에 관한 새로운 결정들과 그 안에서의 우리의 역할을 직시하게 된다. 그리고 세상의 거울을 들여다보는 것처럼, 우리가 세상을 더 좋게 혹은 더 나쁘게 만들기 위해 무슨 일을 했는지 알 수 있다. 이렇게 우리는 일을 통해 세상과 연결되고, 특별한 방법으로 하느님과 삶을 나눈다.

그러나 한편으로는 공동 창조의 영성에 방해가 되는 것들이 우리의 영혼 가장 깊숙한 곳에 자리하고 있다. 개인이 얻은 것은 개인이 가질 수 있다는 개념인 자본주의는 이 사회의 미덕을 탐욕으로 바꾸어 놓았다. 우리는 어려운 이웃의 복지를 위한 예산이 늘어나는 것은 예민하게 반응하면서, 정부가 기업의 세금 면제와 담합을 눈감아 주는 것에 대해서는 무감각하게 반응한다. 우리가 가진 권리에 대해서는 조금만 침해 받아도 들고일어나지만, 외국인 노동자들의 비윤리적인 노동 환경에는 눈 하나 움직이지 않는다. 하느님이 가난한 사람들은 정직함을 기준으로 심판하시고, 가진 자들은 관용을 기준으로 심판하시리라는 것을 우리는 잊었다. 우리가 가진 자들이라는 사실을 망각하는 것이다.

존재 의식이 없는 우리

누구나 지금보다 더 나은 세상을 원한다. 그러나 우리는 현실에 침묵하고 수용하면서, 지금의 상태가 유지될 것이라는 가정하에 계속 똑같이 살아간다. 세상을 변화시킬 책임이 있다는 생각은 찾아볼 수 없다. 이전 시대의 사람들은 나라를 세우고, 사람들을 교육시키고, 정부를 변화시키고, 세상을 바꾸는 일을 자신들의 일로 받아들이고 열심히 기여했다. 그러나 우리 세대는 그 일을 해야 한다는 생각을 잃었을 뿐만 아니라 오히려 이상하게 변질시켜 버렸다. 지난 시대의 사람들은 모두를 위해, 다음 세대를 위해 일했다. 하지만 우리는 자기 자신을 위해 일한다. 우주의 쓰레기, 바다의 쓰레기, 매립지의 핵폐기물 등 우리는 온갖 쓰레기를 만들어 놓고, 처리하는 것은 다음 세대에게 넘긴다.

우리는 돈을 버는 데 집중한 나머지 미래에 대한 책임감을 잃어버렸다. 진정 우리는 일을 새롭게 인식할 필요가 있다. 우리는 일의 도덕성을 깨닫고 양심의 소리에 귀를 기울여야 한다.

산업화로 인해 맹렬한 속도로 전산화가 이루어졌다. 그 결과 어떤 일이든 우리가 처음부터 끝까지 지켜볼 일이 거의 없다. 더 이상 일의 과정을 다 보지 않아도 되는 것이다. 우리는 밭에서 농작물을 키워 직접 시장으로 가져가던 농부에서, 공장 라인의 로봇으로 바뀌어 가고 있다. 맡은 구역을 청소하거나, 물품을 관리하거나, 상품을 판매하거나, 데이터를 입력하는 등 주어진 영역만 처리한다. 일이 구획화되어 시야를 제한하기 때문에 우리가 실제로 무엇을 위해 일하고 있는지 보지 못한다.

하지만 농부는 그렇게 살지 않았다. 그들은 처음부터 끝까지 농작물이 자라는 과정을 보았고, 그것이 누구에게 판매되는지 지켜보았다. 그렇게 해서 자신들이 하는 행동이 어떤 결과를 가져오는지, 하지 않은 행동이 어떤 결과를 가져오는지 알았다.

그러나 우리는 우리의 노동의 결과를 보지 못한다. 그저 작업의 일부분이 되고, 그만큼만 자기의 일로 여긴다. 그렇게 자기만의 공간에 갇혀 우리가 지닌 창조적 잠재성을 잃어버리게 된다. 우리는 사람들과 함께 일하는 법을 점점 잃어버리고 있다. 그저 한 공간에 있을 뿐이다. 우리는 거대한 기업을 위해 극히 작은 일을 하는 한 명일 뿐이다. 우리는 거대한 시스템의 하수인이다. 우리가 보지 못하는 것에 대해 책임을 지지 않으려 하며, 나아가 우리가 만들어 낸 결과에 대해 무감각하게 된다. 기업이 어떻게 환경을 파괴하고, 사람들을 착취하는지 신경쓰지 않기 때문이다.

그러면서도 자신의 무기력에 절망한다. 하지만 별도리가 없다고 생각한다. 그러니 우리 각자가 인류에게 중요한 존재라는 것도 의식하지 못한다. 미국의 만화가 찰스 슐츠는 이렇게 말했다. "이상은 별과 같다. 우리는 결코 거기에 도달하지 못한다. 그러나 우리는 바다의 선원들처럼 거기로 향하는 우리의 과정을 기록해 나갈 뿐이다." 우리에게는 일의 이상이 결여되어 있다. 우리가 이 세상에 도움이 될 것이라는 희망으로 삶을 기록해 나간다면 우리에게 결여되어 있던 이상을 발견하게 될 것이다.

이 세상에 새로운 생명을 불어넣는 일

일의 영성은 우리의 손으로 하는 일을 하느님의 일로 거룩하게 만든다는 의식에 바탕을 둔다. 우리가 베란다에서 작은 상자에 상추를 키우는 것도 창조에 참여하고 세상을 지속시키는 일이다. 더러워진 동네 길목을 청소하는 것은 우주에 새로운 질서를 가져오고, 이 땅에 하느님의 세상을 다시 새롭게 만드는 일이다. 부서진 의자를 수리하고 낡은 가구에 새로 페인트칠을 하고 우리가 가진 것 중에 넘치는 것을 다른 사람에게 나누어 줄 때, 이 세상에 새로운 생명을 불어넣는 것이다. 또한 쓰레기를 봉투에 담고 캔을 재활용할 때 우리는 우주의 새로운 창조자가 된다. 마치 어느 날 이 세상에 숨을 불어넣으신 하느님처럼 말이다. 이처럼 우리는 자신이 하는 일을 성화聖化할 수 있다. 그리고 그 일을 함으로써 우리가 성화된다.

우리는 일의 영성으로 인해 자신의 창조성을 발견한다. 저녁 식사를 위해 만든 샐러드는 예술 작품이 된다. 사무실의 에너지와 물품을 효율적으로 사용하도록 계획하고 관리하는 것은 지구를 살리는 자연 보호 활동이다. 우리는 일을 함으로써 세상을, 우리가 모두 인정하는 제대로 된 세상으로 발전시킬 수 있다. 일의 영성은 우리의 한계를 깨고 우리가 더 나은 사람이 되도록 한다. 우리는 일을 함으로써 발전할 수 있다. 우리가 평생 한 일이 바로 우리 자신이 되기 때문이다.

그물을 한 번 더 던진 어부들처럼 소용없어 보일 때도 다시 노력함으로써 자신이 가진 힘의 한계를 시험하고 삶의 기개를 알게 된다. 좋은 의도가 담긴 일과 좋은 효과를 거두는 일, 인류를 한 차원 더 발전시키는 일은 우리 안에 연민을 키우고, 우리의 인간적인 모습을 성장하게 한다.

또한 일은 주위의 모든 것을 발전시킨다. 우리가 하는 일 중에 세상에 영향을 주지 않는 것은 하나도 없다. 우리는 일의 영성을 키우면서 기대할 수 없는 상황에도, 눈으로 확인할 수 없을 때에도, 세상을 위한 좋은 열매는 맺어진다고 믿는 법을 배운다. 그리하여 우리는 삶을 헛되게 살지 않게 되고, 인류의 소중한 일원으로 살아가게 된다.

결국 우리는 일의 영성을 통해 인간적인 사회를 세우는 일에 몰두하게 된다. 우리가 하는 모든 것이 누군가에게 영향을 미치는 것을 알게 되고, 우리의 인생이 그들의 인생과 연결되어 있다는 것을 깨닫기 때문이다.

또한 가난한 사람들과 굶주린 사람들을 보고 기억하며, 그들과의 공존을 의식하여 일한다. 세상을 구하는 일이 곧 평생에 걸친 성화의 과정임을 깨닫고, 그 일이 하느님의 일이며, 하느님이 우리가 그 일을 완수하기를 기다리고 계신다는 것을 알게 되기 때문이다.

어느 마을에 젊은 랍비가 살고 있었는데 그의 옆집은 대장간이었다. 대장장이는 매일 동이 트기 전에 일어나서 요란하게 망치를 두드렸다. 어느 날 랍비는 문득 이렇게 자문했다.

"저 대장장이가 속세의 일을 위해 저렇게 일찍 잠에서 깰 수 있다면, 나도 하느님의 일을 위해 그와 똑같이 해야 되는 게 아닌가?"

그래서 다음 날 아침, 그는 대장장이보다 더 일찍 일어났다. 대장장이는 대장간에 들어가면서 젊은 랍비가 맑은 목소리로 기도하는 소리를 들었다. 그 소리를 들은 대장장이는 이렇게 생각했다.

'저 랍비는 자신의 마음을 갈고 닦기 위해 저렇게 일찍 잠에서 깨는군. 나는 내 마음을 발전시키기 위해서가 아니라 가족을 부양하기 위해 일을 하니 훨씬 더 부지런해야 한다.'

그다음 날 대장장이는 랍비보다 훨씬 더 일찍 일어났다. 그렇게 둘 사이에는 경쟁이 붙었다. 그 경쟁을 끝까지 이어 간 이는 랍비였지만, 그는 이렇게 말했다.

"내가 이룬 것이 무엇이든, 그 대장장이가 없었더라면 거기에 도달할 수 없었을 것이다."

과연 우리는 어떨까? 자신이 누군가에게 신성한 직업의식을 갖도록 영향을 주고 있는지 자문해 봐야 할 것이다.

평화의 때

"침묵은 평화의 시작이다."

분쟁을 물려주는 시대

그리스의 작가 니코스 카잔차키스는 이렇게 말했다. "나는 아무것도 두려워하지 않는다. 나는 아무것도 바라지 않는다. 고로 나는 자유롭다." 이것은 우리가 절실하게 바라는 경지다. 하지만 우리는 이렇게 생각하는 법을 모른다. 모든 것을 두려워하고, 모든 것을 바라는 것에 익숙해져 있다. 평화를 누리기에는 너무 많이 얽매여 있다.

최근에 나는 어떤 아이들이 하는 이야기를 듣고 평화에 대한 우리의 갈망이 무엇을 의미하는지 고통스럽지만 확실하게 이해하게 되었다. 또한 우리가 그들을 따뜻하게 품지 않으면 더 이상 평화를 꿈꿀 수 없을 거라고 생각했다. 그러나 우리는 이와는 정반대의 일을 하고 있었다.

그 아이들은 아일랜드인으로, 미국의 자본을 미워했고, 영국의 역사를 싫어했다. "난 그들이 싫어." 아이들의 표현은 복잡하지 않고, 분명했다. 민족과 역사적 느낌에 관한 아이들의 대화에서, 나는 세상의 축소판을 보았다. 또한 그 대화를 들으며 우리가 바로 내일 세상의 모든 무기를 없앤다 해도 평화가 보장되지 않을 거라고 생각했다. 여전히 우리의 영혼에서는 전쟁이 끊이질 않을 것이고, 마음은 계속 뒤틀린 채 불안해하고 있을 것이기 때문이다. 천진난만한 아이들도 우리 안에서 벌어지는 격렬한 전쟁의 죄를 짓는 데 예외가 아니었다. 아이들도 우리가 숨 쉬는 사회의 성격을 노골적으로 보여 주고 있었다.

나는 그 아이들에게서 세상의 모든 아이들을 보았다. 후투족과 투치족, 세르비아와 보스니아, 팔레스타인과 이스라엘 아이들이 서로를 증오하는 법을 배우고 있었다. 그 아이들은 모두 태어남과 동시에 어른들의 적을 물려받았다. 더 자세히 말하자면, 아이들이 실제로 물려받은 것은 적개심과 잃어버린 인간성이다. 아이들이 우리와 우리 조상들의 죄를 물려받는 것이다. 그 죄가 점점 곪는 상처처럼, 언제 터질지 모르는 시한폭탄처럼 아이들의 마음과 정신에 자리 잡고 있다.

부족한 자원 때문에 충돌이 생기고 전쟁이 발발하는 것은 아니다. 분명 우리 이전 시대의 사람들은 평화의 진리를 알았다. 그러나 오늘날 우리 안에는 평화가 부족하기 때문에 충돌을 일으킨다. 불안하고, 공허하고, 이기적이기 때문에 자신의 필요를 충족하고자 전쟁을 일으킨다.

우리는 자신에게 부족한 부분 때문에 불안해한다. 우리에게 없는 것을 다른 곳에서 찾고, 다른 사람에게 요구한다. 그래서 우리가 풍족한 내면의 삶을 살지 못하면, 보이는 것을 풍족하게 하려고 애쓰다 결국 남의 것을 원하게 된다. 심지어 자신에게 없는 다른 사람의 능력까지도 시샘한다. 우리가 평화롭게 살지 못하면 다른 사람들과 싸울 수밖에 없다.

자신의 틀 속에 세상을 집어넣는 사람

그러나 우리가 부족하여 배워야 할 것이 있다는 사실을 깨달을 때 평화가 찾아온다. 누군가에게 거부당할 때, 우리는 모든 사람의 사랑보다 더 큰 사랑이 있음을 배운다. 무언가가 두려울 때, 어떤 희생이 뒤따르더라도 우리를 돌보는 이가 있음을 알게 된다. 외로울 때, 찾으려 노력만 하면 찾을 수 있는 풍요롭고 활기찬 내면의 세상이 있음을 배운다. 다른 사람에게 위협을 느낄 때, 우리는 그가 우리의 작은 영혼을 더 크게 키워 줄 은총의 선물임을 깨닫는다. 이 과정을 거친 다음에야 비로소 평화가 찾아와 조용히 자리를 잡는다.

누구도 이 평온한 마음을 깨트릴 수 없고, 내면의 균형을 흔들어 놓을 수 없다. 마침내 자신의 깊이를 헤아리고, 그 안에서 영이며 빛이며 진리인 세상을 발견하는 것이다. 그리고 이러한 경험을 통해 우리는 하느님의 세상이 모든 차원에서 좋은 것임을 깨닫게 된다.

한편, 세상에 관해 이미 모든 것을 알고 있다고 말하며, 세상을 자신의 제한된 틀 속에 집어넣는 사람은 더 큰 정복을 갈망한다. 그리고 세상과 대결하려고 한다. 이럴 경우 다른 사람들에게서 자신과 다른 점을 발견하면, 그것은 새로운 가능성과 경험을 발견하는 기회가 아니라 자신이 느끼는 행복에 대한 위협으로 여긴다. 그리고 안정감을 느끼기 위해서 세상을 점점 자신만의 틀에 가둔 작은 세계로 만들어 버린다.

결국 벽을 높게 쌓아 놓고선 하느님과 마주하는 것이 두려워 그 안에 숨는다. 그리고 세상과 전쟁을 한다. 그렇게 점점 폭력을 찾기 시작한다. 그러나 그 안에는 중심이 없기에 작은 바람에도 동요하고 혼란스러워하며 불안해한다. 그러면서도 자신의 행동을 합리화하고 싶어서 사람들을 인종, 출신, 성, 종교, 문화 등으로 구분하고 분열을 조장한다. 남성과 여성이, 백인과 흑인이, 유다인과 그리스도인이 서로 싸우게 만든다. 모든 곳에서 전쟁을 하도록 만드는 것이다. 어떻게 하면 이러한 사람들에게 평화를 줄 수 있을까?

침묵에서 찾는 답

프랑스의 사상가 블레즈 파스칼은 이렇게 말했다. "사람의 불행은 한 가지다. 그것은 방 안에서는 평화롭게 있을 수 없다는 것이다." 침묵과 고독은 진정한 평화를 얻기 위해 반드시 이겨 내야 할 내면의 전쟁을 직시하게 한다. 침묵은 분수를 잊은 우리의 자만과 소음 공해로 피폐해진 영적인 삶 그리고 끝없이 들썩이는 우리의 욕망을 다스릴 수 있는 기회를 준다. 그것은 미래를 분명히 보고 가치 있는 것에 집중할 수 있게 해 주는 마음으로의 초대다. 이러한 초대를 통해 평화를 느끼게 되고, 그 안에서 평화를 배운다.

침묵은 평화의 시작이다. 침묵을 통해 삶에는 보이는 것보다 더 많은 것이 있다는 사실을 깨닫는다. 아름다움과 진리 그리고 미래는 오직 침묵 속에서만 찾을 수 있다. 침묵 안에서 충돌을 멈출 수 있다. 침묵 가운데 자신의 내면을 돌아봄으로써 우리 자신을 이해하고 다른 사람들도 이해하게 된다.

침묵은 고독의 가치를 알 때 가능해진다. 고독은 조용한 것보다 훨씬 더 놀라운 것이다. 여기서 확실하게 알아야 할 것은 고독과 외로움이 같은 것이 아니라는 사실이다. 외로움은 무언가가 결여되어 있는 상태인 반면에 고독은 마음의 평정을 찾은 상태다. 고독을 통해 모든 것을 잃어도 삶의 충만함을 잃지 않을 마음의 평정을 얻을 수 있다.

그러나 고요함과 외로움을 구분하지 못하는 오늘날의 문화에서는 고요함이 일종의 공포가 되었다. 고요함은 고질적이고 침략적이고 떠들썩한 소음 공해에 의해 쫓겨났다. 뉴욕, 파리, 로마, 베이징, 서울 등 모든 곳이 그렇다. 작은 도시에서도 온갖 소음이 요란하게 울린다. 엘리베이터 안에는 광고 음악이, 홀 안에서는 장내 방송이 우리를 괴롭힌다. 버스나 지하철은 물론이고, 사무실과 음식점, 부엌, 침실에서도 소음이 끊이지 않는다. 도처에 있는 텔레비전이 생각 없이 마구 말을 쏟아 내도 사람들은 전혀 신경 쓰지 않은 채 그것보다 더 큰 소리로 말한다. 우리는 더 이상 생각을 하지 않는다. 단지 들을 뿐이다. 문제는 우리가 소리의 홍수에 빠져서 아무리 무의미한 소리라도 그것을 듣는 데 익숙해져 버렸다는 것이다.

침묵은 이 사회가 잃어버린 예술이다. 떠들썩함과 투쟁이 그것을 대체했다. 과거에는 침묵이 생활의 한 부분이었다. 많은 사람들이 조용한 가운데 하루를 마무리하고, 풀과 나무와 바람의 소리를 듣고, 여유를 즐겼다. 침묵은 친근한 것이었고 박탈이나 무서움과는 거리가 멀었다. 사람들도 침묵이 공허한 것이 아님을, 오히려 자아의 모든 외침으로 가득 찬 소리임을 알았다.

또한 침묵은 각성하는 영혼이다. 밖에 있는 악마와의 싸움과 자신 안에 있는 역경과 맞서는 것은 완전히 다르다. 우리는 역경에 도전해야 한다. 그러지 않으면 온전한 인간이 되지 못하고, 성장하지 못한다. 3세기 사막의 은수자들은 성숙한 영성을 키우는 데 침묵이 어떠한 역할을 하는지 명확하게 알고 있었다.

한 수도자가 스승에게 지도해 줄 것을 간청했다.
"스승님, 저에게 가르침을 주십시오."
스승이 대답했다.
"내가 자네에게 해 줄 말은 이미 자네 안에 있네. 자네가 알아야 할 모든 것은 자네 안에서 배울 수 있을 걸세."

우리는 침묵 안에서 자신의 질문과 답을 동시에 찾을 수 있다. 자신이 아니면 누구도 자신의 물음에 답을 줄 수 없다. 각자 안에서 외치는 물음과 그에 대한 답을 찾는 과정에서 우리는 자기 자신을 알게 된다. 그런 다음에야 비로소 독선이 사라지고 평화에 이를 수 있다.

침묵을 전염병처럼 여기며, 그 무게감을 두려워하고, 그 공허함을 경계하는 사람들은 침묵 속에서 드러나는 내면의 소리를 듣고선 큰 충격에 빠진다. 침묵이 내면의 불협화음을 들을 수 있게 해 주기 때문이다.

자기 자신과 단둘이 있는 것은 무척이나 힘든 일이다. 이런 순간에 우리는 자신이 변해야 한다는 사실을 깨닫는다. 그러지 않으면 자신이 할 수 있는 일을 하지 않았다는 사실과, 그로 인해 자신이 원했던 모습을 이루지 못했음에 스스로에게 실망하고 무너질 수 있다는 것을 알기 때문이다. 소음을 걷어낸 자리에서 자신을 깨닫고, 받아들이며, 평화를 얻을 수 있다. 그리고 이는 영혼의 기초가 된다.

침묵은 단지 우리 자신을 직시하게 하는 효과만 있는 것이 아니다. 침묵은 내면의 치열한 논쟁을 보면서, 다른 사람들의 이야기에 귀 기울이게 만든다. 나아가 우리를 겸손하게 만든다. 우리가 얼마만큼 더 배워야 하는지, 또 우리의 영혼을 위해 죽는 날까지 이루려 분투해야 할 것이 무엇인지 깨닫는다.

우리의 부족함과 마주할 때, 다른 사람에 대한 인색한 판단과 속 좁은 평가는 끼어들지 못한다. 침묵 가운데 자기 자신에게 솔직해지면서 오만함이 누그러지고, 다른 사람에게 다정해지는 것이다.

자기 자신을 더 잘 알게 되었기 때문에 다른 사람을 더 부드럽게 대할 수 있다. 자신의 분투를 보았기에 다른 사람의 분투를 공감할 수 있다. 자신의 실패를 알았기에 다른 사람의 성공에 진심 어린 박수를 보낼 수 있다. 그렇게 우리는 비난에 무뎌지고, 타인에게 관대하며, 자신의 확신을 맹신하지 않고, 자랑하지 않으며, 무의미하게 자기의 신념에 몰두하지 않는다. 이때 침묵은 사회적 미덕이 된다.

마음을 기울여 들을 때 찾아오는 평화

하느님의 현존 안에 조용히 앉아 다른 사람의 말을 경청하고, 곰곰이 생각하는 능력은 평화의 영성의 핵심이다. 우리가 찾는 말씀은 침묵 속에서 얻을 수 있다. 허구한 날 무의미한 소리로 자신을 채우면, 소음으로 마음이 마비되고 평화가 깨진다.

한 제자가 스승에게 물었다.

"제가 어떻게 하면 천지 만물과 하나가 되는 경험을 할 수 있겠습니까?"

스승이 대답했다.

"들음으로써 가능하다."

제자가 다시 물었다.

"그러면 어떻게 들을 수 있습니까?"

스승이 다시 대답했다.

"우주가 말하는 모든 것 하나하나에 주의를 기울여 들어라. 그리고 그 순간에는 자신에게 말하는 것을 멈추고 그저 듣기만 해라."

평화는 자기 안에 있는 소음을 막고, 밖에 있는 지혜의 소리를 듣기 위해 마음을 기울일 때 찾아온다. 이럴 때 우리는 증오와 전쟁과 혼란이 아닌 가치 있는 것을 얻을 수 있다. 그리고 그때서야 평화가 찾아온다. 그러면 우리는 카잔차키스처럼 말할 수 있을 것이다.

"나는 아무것도 두렵지 않다. 나는 아무것도 바라지 않는다. 고로 나는 자유롭다."

맺음말

하늘 아래
모든 목적의 때

"의미 없는 순간이란 없다."

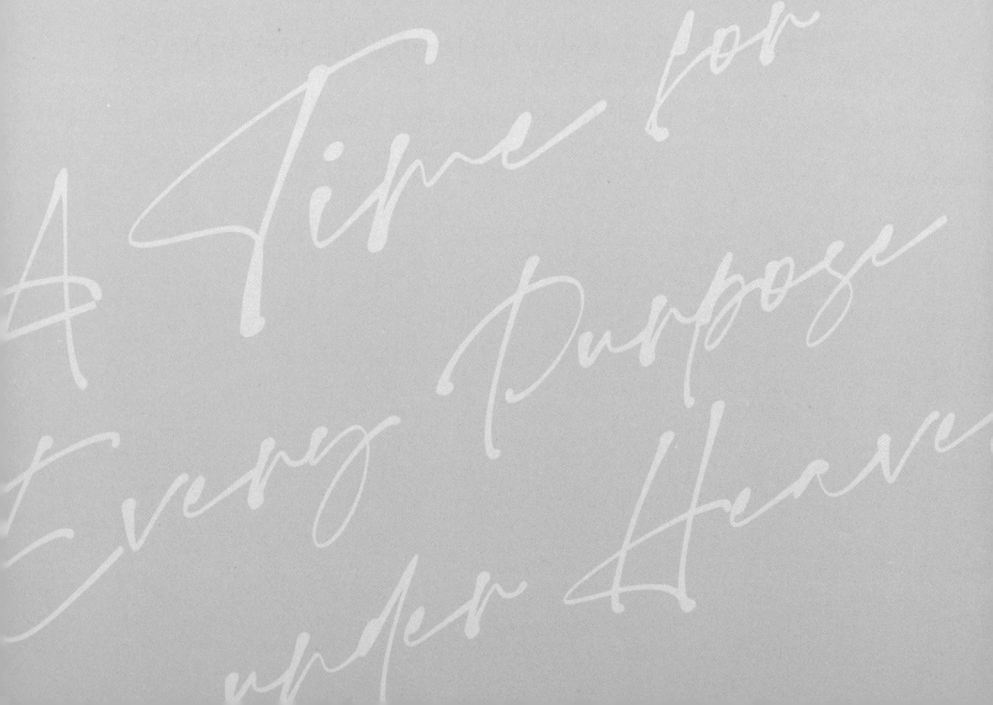

삶의 목적

"시간은 모든 것이 즉시 일어나는 것을 막는 자연의 방법이다." 이 말은 영혼을 잠시 진정시키고 잠깐 멈추게 하는, 영적 성숙의 시간적 단계가 있음을 가르쳐 준다. 시간은 차례차례 인생의 어느 순간에서 순간으로 우리를 인도하며 우리가 그 시간 안에서 모든 상황을 겪게 한다. 그러나 인생은 할당된 일수를 채웠는지가 아니라 하루하루를 충실하게 살았는지로 평가된다.

이것은 정확히 무엇을 의미하는가?

삶은 바다에서 배를 타고 노를 저어 가는 것과 비슷하다. 이때 우리는 두 가지 상황 중 하나를 선택하게 된다. 하나는 배가 부서질 때까지 파도와 싸우고 비바람에 맞서고, 해류를 거슬러 원하는 곳으로 가는 것이고, 다른 하나는 노를 버리고 배에 누워 우리가 가고 싶었던 곳이 나올 때까지 바다가 이리 저리 끌고 다니는 대로 떠다니는 것이다.

우리는 삶을 직접 부딪치며 배울 수 있고, 반대로 철저히 거부할 수도 있다. 그러나 인생에서 할 수 없는 것이 딱 하나 있다. 우리는 이 인생의 교훈을 무시할 수 없다. 코헬렛에 어쩌면 우리가 가장 싫어할 수 있는 이 교훈이 드러나 있다. '인생은 평탄하지 않으며, 삶과 죽음, 사랑과 웃음, 이득과 손실이 모두 있다.'

우리는 이러한 삶을 모면하고 피해갈 수 없다. 그렇다고 해서 위축될 필요도 없다. 삶의 목적은 삶을 축소시켜 우리의 자아가 작아지도록 하는 데 있지 않기 때문이다. 오히려 즐거움은 즐기고, 시련은 견디며, 장애물을 넘고, 성장하면서 삶에서 얻을 수 있는 것을 다 얻는 법을 배우는 데 삶의 목적이 있다.

그러나 몇몇 사람들은 세부 계획을 짜서 삶을 거기에 맞추고, 죽음으로 향하는 과정을 멈추려 한다. 이러한 노력은 전혀 현명하지 않다. 노인이 중년을 고집하고, 중년이 청년을 고집하는 것처럼 때에 맞게 살지 않을 때, 우리는 현재를 비웃고, 지금 이 순간을 놓치는 것이다.

우리는 삶을 새장에 가둘 수 없고, 현재의 행복한 날을 냉동시킬 수 없으며, 액자에 갇힌 나비처럼 박제할 수도 없다. 우리가 지금의 이 순간들과 동행하든 동행하지 않든 삶은 무심하게 계속 간다. 흔들리고 휘청거리고 비틀거릴 때에도 간다. 때로는 따라가기에 너무 빠른 걸음으로, 때로는 짜증이 날 정도로 느린 걸음으로 오르막과 내리막을 간다. 그러나 우리는 최고의 나날만을 살기 위해 태어나지 않았다. 그저 나이를 먹고 무력해진 날에 문득 떠오르는 몇몇 행복하고, 신나고, 소중한 순간들을 기억하기 위해 태어났다. 그리고 그러한 순간의 기억이 우리에게 힘찬 기운을 준다.

의미 있는 모든 순간이 모여서 만드는 인생

사람들은 안정된 삶을 추구하지만, 그것은 마음을 나약하게 만들 뿐이다. 부지런한 일꾼은 삶의 고달픔이 무엇인지 안다. 젊은 미망인은 삶의 매서움이 무엇인지 안다. 노인은 삶의 가치가 무엇인지 안다. 중년 남성은 삶의 의무가 무엇인지 안다. 중년 여성은 삶의 행복이 무엇인지 안다. 젊은 부부는 삶의 달콤함이 무엇인지 안다. 청년은 삶의 도전이 무엇인지 안다. 아이들은 삶의 따스함이 무엇인지 안다.

이렇게 삶은 어떤 우여곡절을 겪든, 우리의 마음속에 다양한 경험과 모습을 남긴다. 평온한 모습, 현명한 모습, 성숙한 모습, 활기찬 모습, 온유한 지혜의 모습, 잃는 법을 배운 강인한 모습을 마음속에 남긴다. 결국 삶은 매우 호의적이라고 말할 수 있다. 우리가 거부하지 않고 즐긴다면, 고통과 기쁨이 적절히 섞인 인생의 끝을 맞이할 수 있을 것이다.

삶에는 우리가 통제할 수 없는 힘이 작용한다. 도예가가 자신이 어찌할 수 없는 불에 자신의 도자기를 맡겨 작품을 얻듯이, 우리가 견뎌 내는 삶의 뜨거운 열이 우리의 최종적인 형태와 빛깔을 결정할 것이다. 우리의 삶은 우리에게 일어나는 동시에 우리에 의해 일어난다. 우리가 삶으로 가져온 것과 삶으로부터 받는 것에 의해서 앞으로의 삶이 좌우된다. 의미 없는 순간이란 없다.

삶은 묘목에서 아름드리나무로, 여기에서 저기로, 뒤에서 앞으로 이동하며 성장하는 것이다. 그러나 항상 같은 목적을 향해 간다. 높은 인격과 따뜻한 마음과 기쁨이 있는 사람이 되기 위해 부단히 노력한다. 그러기 위해서는 가장 작은 부분까지 신경 쓰며 그것을 놓쳐서는 안 된다. 삶은 통제할 수 없다. 그저 할 수 있는 일을 다할 뿐이다. 그러므로 어떠한 순간에도 흔들리지 않고 인생의 리듬을 유지하는 것이 중요하다.

인생을 잘 사는 사람은 성장의 단계마다 삶에서 얻을 수 있는 것을 다 얻어 낸다. 행복한 삶을 사는 사람은 인생의 각 단계를 잘 견뎌 내고 한 줄기의 깨달음을 얻어 더 인간적이고, 현명하고, 친절하고, 공정하고, 유연하게 변한 사람일 것이다. 인생은 우리가 자아에 필요한 것을 얻도록 우리를 계속 성장시킨다.

지금 이 순간, 우리에게 주어진 때

우리의 영혼을 자유롭지 못하게 구속하는 것이 무엇이든 죽일 때가 있다. 그것은 많은 인내와 진실함을 필요로 한다. 그러나 고집스러운 사람들에게는 괴로운 이야기일 뿐이다.

영혼을 질식시키는 삶의 관습이나 생각에 집착하는 것을 삼갈 때가 있다. 하느님의 관점으로, 더 분명한 비전과 더 진실한 과정이 필요하다.

다음 세대가 수확할 씨를 뿌릴 때가 있다. 우리는 지금 세상에 만족하는 사람들을 경계하고, 세상에 새로운 열매가 맺도록 씨를 뿌려야 한다.

누군가가 떠나는 것을 보고 고통과 상실 그리고 경의의 눈물을 흘릴 때가 있다. 현실을 보며 한탄할 때도 있다. 이는 그 속에서 헤어 나오지 못하는 것이 아니라 인생의 다음 장으로 넘어가기 위해 필요한 것이다.

우리의 몸과 마음을 새롭게 하는 인생의 좋은 것들을 온 힘을 다해 끌어안을 때가 있다. 이러한 순간은 인생의 여정에서 새로운 에너지가 된다.

인생의 한 부분이 완성되고, 끝을 맺을 수 있도록 수확할 때가 있다. 우리는 수확의 때를 통해 과거에 얽매이지 않고, 다가올 인생의 다음 순간을 맞이하도록 요구하는 법을 배운다. 그리고 미래에 거둘 수확에 대한 희망으로 현재를 살아가야 한다.

기어코 해낸 일에 기뻐하고, 흡족하며 웃을 때가 있다. 그 때가 되면 힘들었던 지난 모든 순간들이 이해가 된다. 그 후에는 어떤 힘든 일도 할 수 있게 된다.

우리가 사랑할 때, 다른 사람 안에서 우리 자신을 발견할 수 있다. 우리는 사랑을 통해 다른 사람들과 연결된다. 사랑은 우리를 부드럽게 하고, 자신만 생각하는 좁은 틀에서 벗어나게 한다.

우리가 잡고 있는 것을 놓아 버릴 때가 있다. 상실은 우리의 영혼을 비우고 다시 시작할 수 있는 기회를 준다. 곧 인생의 본질과 자신에 관해 많은 것을 깨닫는 시간이 된다.

옛 관념과 방식에서 벗어나 새롭게 태어날 때가 있다. 다시 시작할 때가 있다. 지난날보다 다가올 날을 바라봐야 할 때가 있다.

교양과 체면은 내려놓고 시원하게 웃을 때가 있다. 웃음은 전보다 정신이 더 온전해지고 분위기를 풀어 주는 통찰을 가져다준다.

일이 마무리 지어지고, 시간의 힘에 의탁하도록 놔두는 죽을 때가 있다. 인생의 일들이 끝이 나도록 놔둘 때만이 새로운 일을 시작할 수 있다. 이러한 끝맺음 역시 인생의 중요한 성취다.

파괴를 조장하고 사람들에게 피해를 입히며 죽음을 추구하는 세력들에 맞서 싸울 때가 있다. 우리는 오늘날 우리에게 맡겨진 그 전쟁을 치러야 한다.

우리를 짓누르고 삶을 돌보지 못하도록 막는 상처를 치유할 때가 있다. 다른 사람의 시선과 반응에 자신을 휘둘리게 놔두는 것은 자신에게 고통을 주는 것이다. 자신의 상처를 치유하지 못하면 우리는 건강해질 수 없다. 삶은 건강한 사람을 위한 것이다.

우리가 받은 것보다 더 좋은 것을 남길 수 있도록 새로운 세상을 지을 때가 있다. 고통과 빈곤, 굶주림과 억압, 차별과 멸시를 끊는 일에 참여할 때가 오는 것이다.

평화의 때가 있다. 융단을 깔 듯 평화를 퍼뜨리고, 깃털처럼 평화롭게 살고, 경계선을 모르는 향기처럼 평화로울 수 있도록 우리 안의 악마들과 싸우고, 악마들을 가만히 내려다보며 없애 버릴 때가 있다.

하지만 누가 이 모든 일을 할 것인가? 코헬렛은 이 과제는 우리의 것이고, 삶이 우리에게 직접 요구한다고 매우 분명하게 말했다. 우리에게는 선택권이 없다. 하지만 위인들은 그렇다 쳐도, 우리 같은 일반인이 이런 일을 어떻게 할 수 있을까?

제자가 스승인 랍비에게 물었다.

"저처럼 미천한 사람이 어떻게 하면 모세처럼 살 수 있습니까?"

스승은 제자에게 이렇게 대답했다.

"자네가 죽을 때, '너는 왜 모세처럼 살지 못했나?'라는 질문을 받지 않는다네. '너는 왜 자기 자신으로 살지 못했나?'라는 질문을 받을 걸세."

그렇다. 우리가 누구이기에 할 수 있는 것이 아니라, 우리의 때이기에 할 수 있는 것이다.

때가 왔다. 지금이 바로 우리의 때다.

지은이 **조앤 치티스터** Joan D. Chittister

　1936년 미국에서 태어났다. 베네딕도회 수녀로서, 40년간 평화, 인권, 여성, 교회 쇄신을 주제로 다룬 세계적인 강연자이자 유명한 영성 작가다. '미국 베네딕도 여자 수도회 협회' 회장과 '미국 여자 수도회 지도회' 대표를 역임했으며, 현재는 현대 종교 연구소인 '베네트 비전'의 이사와 UN 산하 '세계 평화 여성 지도자회(GPIW)'의 공동 의장으로 재직 중이다.

　50권 이상의 저서를 발간했으며, 국내에 소개된 저서로는 《시련 그 특별한 은혜》, 《내 가슴에 문을 열다》, 《세월이 주는 선물》, 《무엇을 위해 아침에 일어나는가》, 《조앤 수녀님의 동물 친구들》 등이 있다.

옮긴이 **박정애**

　1958년 서울에서 태어났다. 덕성여자대학교 영어영문학과를 졸업하고, 현재 번역 프리랜서로 활동 중이다. 역서로는 《안식일의 선물》, 《알고 긋는 십자 성호》, 《새롭게 보는 예수님의 마지막 일곱 말씀》 등이 있다.